短视频创业一本就够

策划·拍摄·剪辑·运营·直播

吾影视觉 著

人民邮电出版社

北京

图书在版编目（CIP）数据

短视频创业一本就够：策划　拍摄　剪辑　运营　直播 / 吾影视觉著. -- 北京：人民邮电出版社，2023.11
ISBN 978-7-115-62785-8

Ⅰ. ①短… Ⅱ. ①吾… Ⅲ. ①网络营销 Ⅳ. ①F713.365.2

中国国家版本馆CIP数据核字(2023)第193860号

内 容 提 要

本书详细讲解了短视频从策划、拍摄、剪辑、运营到直播全流程的知识与技巧。

首先，本书介绍了短视频产业链与商业逻辑、短视频的定位与标签设定等相关知识，以此作为策划短视频的依据；之后，对于拍摄设备、视频表现力的提升、短视频景别/构图/光线/运镜、拍摄思路与技巧等进行了详细讲解；接下来，以剪映这种易学好用的软件为基础讲解短视频的剪辑；最后讲解了全平台运营与短视频变现的技巧，重点讲解了推流直播的设定及操作流程。

本书内容全面、系统，包含了短视频创作全流程的知识与技巧，适合对短视频创业感兴趣的读者阅读。

◆ 著　　　　吾影视觉
责任编辑　杨　婧
责任印制　陈　犇

◆ 人民邮电出版社出版发行　　北京市丰台区成寿寺路 11 号
邮编　100164　　电子邮件　315@ptpress.com.cn
网址　https://www.ptpress.com.cn
廊坊市印艺阁数字科技有限公司印刷

◆ 开本：700×1000　1/16
印张：11.5　　　　　　2023 年 11 月第 1 版
字数：296 千字　　　　2025 年 11 月河北第 8 次印刷

定价：59.00 元
读者服务热线：(010)81055296　印装质量热线：(010)81055316
反盗版热线：(010)81055315

目录

第十章
短视频变现策略

第十一章
短视频平台直播

第一章

• • • • •

短视频产业链与
商业逻辑

　　本章我们将介绍短视频的概念、特点、产业链以及短视频主
要的商业逻辑。其中，我们将对短视频产业链中的短视频运营平
台进行重点介绍。

1.1
短视频的概念和特点

短视频是一种互联网内容传播方式，一般是指在互联网新媒体上传播的时长较短的视频。

短视频的第一大特点是它的时长较短。大众不需要花费太多时间去观看，用十几秒的时间就能够看完被精简的内容。

短视频的第二大特点是它的门槛较低。它不像拍电影那样，需要专业的设备、专业的演员，而是用手机就能拍、就能分享。

短视频的第三大特点是它具有娱乐性。通过短视频，观看者可以看到生活中的方方面面，因此形成了休闲娱乐的功能。

短视频的第四大特点是它的社交性。大家可以在短视频APP上形成社交互动，这也是拥有社交功能的短视频平台爆火的原因。大部分APP都是具有强社交的，当然，那种真正的内容提供平台还要另当别论。

短视频的第五大特点是易传播。传统的视频平台都是以长视频或者电影、电视剧为主，它很难传播，下载视频需要花费很长时间，但是短视频只有几十秒的时间，又不怎么占内存，即使是以链接的形式分享出去，单击观看也不用花费太多的流量，因此它的传播非常便捷和快速的。

短视频的第六大特点是它能够精准投放。观看者看了几秒就知道这个短视频是否是其想观看的内容，继而可以选择继续观看或者将视频关闭，因此它的定位性是很好的。

短视频的特点和优势在于其一目了然，很多人通过深挖短视频用户，使其成为长视频的用户和观看直播的用户，让短视频成为引流工具。可以说，当下的短视频、长视频、直播，基本上是一个相辅相成的关系。

特点	短视频	长视频	直播
用户消耗的时间类型	碎片时间	整片时间/一段时间	整片时间/碎片时间
涉及领域以及形式	领域广泛	影视剧、综艺节目、知识教育等	领域广泛
传播特点和方式	传播速度快，方便下载转发到各类平台	传播速度慢，主要依托平台自己的流量	实时性
社交属性	社交性较强	社交性弱	社交性强

短视频、长视频及直播的简要特点对比

1.2

短视频产业链

短视频产业链主要包括三个部分：内容提供、视频运营和终端用户。

内容主要由影视公司、广告公司、视频制作公司提供，以及网民自行原创。

短视频的运营主要通过短视频分享平台、短视频订阅平台、P2P平台等实现。

终端用户分为免费观看和付费订阅视频平台的C端使用者。大家想去看上游提供的内容，就要通过上游提供的运营平台去看。有很多短视频运营商把上游和下游联系在了一起，例如抖音、快手等，这样就形成的一个非常好的经济循环体。

1.3

短视频变现的三部曲

为了提高社交性，所有的平台都在往精简的方向发展，所以在未来的整个新媒体时代，只有把内容做得更有深度、更加垂直、更具专业性、更有干货，短视频的留存率才会更高。在这种情况下，无论是企业还是个人IP，都更能锁定精准用户，充分了解每个媒体平台以及用户的心理，才能更好地去把握机会，对未来发展的方向做出更好的判断。

大家都知道，全文字的东西很难记住，我们小时候上语文课，背诵课文是非常困难的，但是结合图片就可以让大家记得更快一些，如果再配上声音，去记这些东西的时候身心就会更快乐、更容易记住。

因此，嫁接在人体几大感官上面的视听是第一个环节，短视频的商业价值就是通过大家最喜欢的视频形式产生流量，再把流量变成私域流量，最后促成线上和线下的变现的。这就是三部曲。

平台名称	抖音	快手	BiliBili	小红书	西瓜视频
用户规模	日活6亿	日活3亿	月活2亿	月活1亿	日活1.6亿
适用的创作内容类型	内容生产 内容营销 商品转化	内容生产 商品转化	内容生产	内容生产 商品转化	内容生产 内容营销
用户年龄	无年龄界限	下沉用户	青少年/ 年轻用户	女性用户	无年龄界限
主要变现方式	广告、电商、打赏	广告、电商、打赏	广告	广告、电商	广告
产品定位	娱乐、创意、强社交	记录、分享、发现生活	搞笑、弹幕、猎奇	购物、女性	分享、猎奇、新鲜内容

备注：以上数据收集于网络，仅供参考，查询范围在2020—2021年期间。

不同类型创作者可在不同平台搭建变现渠道

有关于短视频变现的详细内容，我们将在本书第十章详细介绍。

1.4

短视频的四大商业价值

短视频有哪些商业价值呢？

第一，利用短视频可以做广告营销，可以宣传企业品牌。

第二，短视频可以直接做成电商。现在淘宝也形成了自己的短视频模式，产品的详情页不仅有产品图片，还有了产品视频，例如模特身着品牌服装走秀、展示的短视频。大家可以发现，各电商都是往这方面去发展。

第三，区域化营销，用户在抖音、快手上发布的短视频可以定位活动区域，假设你想推广你的餐厅或KTV，就可以拍摄餐厅里的美食或者KTV里唱歌的包房，并在发布视频时加上餐厅或KTV的定位，这样大家在观看视频的时候，如果被你的视频内容吸引，就可以直接导航到定位的地点，这样就实现了线下实体店的推广，并对其进行了区域化营销。

第四，IP衍生及直播，如果你能够做好垂直内容，打造个人的IP信誉、品牌、标签之后，大众就会对你产生信任感，从而购买你推荐的产品。大众购买产品时，很多时候并不是认准产品本身，而是认准个人或品牌，这就促使了个人IP的衍生。短视频有助于个人IP的打造，而个人IP可以带动整个团队，比如李子柒，她就是先打造了个人IP，之后才有了一系列的商业操作，这就体现了短视频的商业价值。

1.5
高热度短视频运营平台

抖音平台

抖音是由字节跳动孵化的一款创意短视频社交软件，该软件于2016年9月20日上线，于2017年走入大众的视野，是一个面向全年龄段的短视频平台。用户可以上传自己的短视频作品，记录平凡生活的点滴；也可以观看热门短视频，了解各种奇闻趣事。

抖音的定位为短视频播放软件，但其延展功能还涵盖了社交和互动，以及近年来火热的抖音直播带货，通过个人IP形象的打造，定位账号的专属风格，再通过流量推送积累人气和粉丝，粉丝可以在视频中留言互动。为了迎合用户，经平台打造，抖音成为互动交友、趣事分享、在线购物等的多功能综合性平台。

根据界面引导可以看出，抖音在视频的周边引入多种选项。例如单击"商城"选项即可在抖音自己搭建的购物平台里购物，或是在视频中出现购物链接，可在观看视频的同时选购产品。单击"关注"选项可查看自己关注的账号动态，可指定搜索定位同城其他原创者的视频，也可根据关键字搜索感兴趣的内容，并在留言区和私信区交流心得和感受。抖音的视频分享机制还可以让你将感兴趣的内容快速分享给好友一同观看。

抖音

抖音首页界面

抖音个人作品展示

快手平台

快手是北京快手科技有限公司旗下的产品。快手的前身叫"GIF快手"，诞生于2011年3月，最初是一款用来制作、分享GIF图片的手机应用。2012年11月，"GIF快手"从纯粹的工具应用转型为短视频社区，用户可以在这里记录和分享生活。2014年，改名为快手。

抖音和快手作为短视频领域的两大巨头，二者无论是在用户群体方面还是产品设计方面都有很大的差异。

在用户群体方面，快手的三四线城市用户比例明显高于抖音，这些用户主要来自下沉市场人群，走的是"农村包围城市"的路线，而抖音则是从高精尖的"小资"扩展。虽然抖音和快手在内容推荐上都用到了先进的人工智能和机器学习能力，做到了给用户推荐精准内容，但相比之下，快手在内容推荐的机制上给了用户更多的便利，增加了普通人露出的机会，给了普通创作者多一些流量，因此快手的产品定位是让普通人更容易被看见。

在产品设计方面，抖音首页是全屏展示某一视频，而快手首页则是陈列多个视频，想要全屏观看视频，需要进入"精选"页面。

快手　　　　　　　　　快手首页界面　　　　　　　　快手精选界面

小红书平台

小红书是体现年轻人生活方式的平台。平台用户主要以发布分享生活以及推荐攻略的图文和短视频为主，在文章中可以关联诸多关键词，突出文章内容和立意。用户可以在这里发现真实、向上、多元的世界，找到时尚的生活方式，认识有趣的明星、创作者；也可以在这里发现海量美妆穿搭教程、旅游攻略、健身方法等内容。

小红书会根据用户的使用偏好推荐相关的图文和短视频。作为界面和设计都从年轻人群体喜好出发的平台，其优势就是内容更加精准，可锁定目标人群进行二次深入开发和优化。

小红书　　　　　小红书首页界面　　　　　　小红书个人界面

哔哩哔哩网站

哔哩哔哩（BiliBili）也就是大家口中常说的B站，早期是以动漫、动画、游戏为主的内容创作分享网站，后来渐渐发展成了围绕兴趣圈的多元化视频社区。

打开哔哩哔哩，首页会自动推荐很多你可能会感兴趣的视频。哔哩哔哩的最大特色是弹幕文化，观看者可以在观看视频的同时，将自己的想法和有趣的话语输入弹幕框内，即可在视频播放时被推送在屏幕上。

哔哩哔哩　　　　　哔哩哔哩首页界面　　　　　哔哩哔哩视频弹幕

西瓜视频

　　西瓜视频由今日头条出品，主打个性化视频推荐，目前已与央视新闻、澎湃新闻、BTV新闻等多家知名媒体机构达成版权合作。西瓜视频是今日头条继移动资讯智能分发后再次引领的视频行业潮流，也是广告主实现品牌年轻化、融入新生消费主力的营销平台。

　　西瓜视频的日活跃用户超1000万，用户数量达1亿。与其他视频平台相比，西瓜视频的用户和内容定位都有差别。它的用户与其他视频APP用户高度去重，为广告主带来了新的群体；同时西瓜视频18~30岁的用户高达80%，全面助力广告主品牌年轻化。新生代消费力量的崛起，使得西瓜视频全面锁定了多领域精彩内容，构建了全新的年轻化内容生态，打造出了更具价值的视频营销空间。

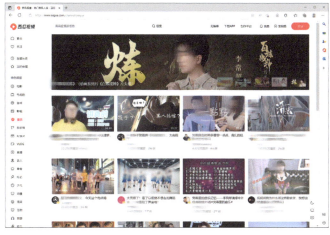

西瓜视频

西瓜视频PC端首页

微信视频号

　　微信作为当代最主流的社交平台，其主要功能为及时通信和信息交互，在不断的更新升级中，微信也引入了视频功能。从最早朋友圈可分享视频到后来视频号、直播等功能的接入，微信内视频观看的便捷度不断提高。

　　视频号的功能与其他短视频平台相似，用户可自己在平台内发布作品，也可观看其他人的作品。其中较为创新的内容就是引入了结合朋友点赞的内容推送机制，可优先推送微信好友点赞或评论的视频内容，将社交和视频进行融合。

微信视频号

微信视频号

微信中的视频号功能

视频号功能界面

1.6
抖音与快手的"两强"格局

虽然在前一节中介绍了多个热度比较高的视频平台，但真正从用户规模及用户的变现效果上来说，抖音和快手的两强格局得到了持续强化，它们各自形成差异化竞争优势。

抖音、快手作为短视频头部平台，用户规模远高于其他视频应用，且随着各自集团内部短视频应用的发展，市场集中度进一步提升。近年来，尽管有其他大型互联网平台不断尝试进军短视频领域，但均未能打破"两强"的市场格局，这也在无形中"劝退"着新的挑战者。同时，通过持续深耕细分垂直领域，两大平台力争形成比较竞争优势。快手先后获得北京冬奥会、2021美洲杯、NBA等重要体育赛事的直播、视频点播及短视频版权，带动体育内容渗透和消费迅速增长，"短视频＋体育"生态日趋成熟；抖音则不断加码布局音乐板块，搭建一站式音乐合作解决方案平台"炙热星河"，上线"汽水音乐"APP，重点推进"2022抖音看见音乐计划"等，实现与音乐的深度绑定。

短视频内容与电商进一步融合，电商产业生态逐步完善。近年来，抖音、快手等短视频平台一方面持续促进从内容引流到电商营销，另一方面加速布局在线支付业务，短视频电商产业生态逐渐形成。2022年，两大短视频平台均上线"商城"入口，与搜索、店铺、橱窗等"货架场景"形成互通，"货找人"和"人找货"相结合，覆盖用户全场景的购物行为和需求。2022年6月，抖音短视频播放量同比增长44%；用户通过内容消费产生商品消费，短视频带来的商品交易总额同比增长161%。2022年第三季度，快手电商商品交易总额达2225亿元，同比增长26.6%；依托流量和效率优势，持续吸引更多商家入驻，新开店商家数量同比增长近80%。

抖音的全域兴趣电商

第二章

短视频策划：
定位与标签

　　在做短视频之前，大家一定要对自己的短视频进行标签和内容的设定，这是重中之重，只有把整体方向、内容、人设定位好，大家在未来创作的所有短视频作品才不会杂乱无章。

2.1
依据自身擅长领域找准定位

依据自身优势确定内容方向的3个重点

1. 人设标签

首先，一定要依据自己擅长的领域来找准自己的定位。播放量大的短视频都有一个共同的特色，就是他们能够把自己的优势给拍出来，所以你一定要看自己擅长做哪方面的内容，因为别人能做好的内容并不一定适合你，更不一定你能做得好。当然，如果你是一个非常有韧性、学习能力非常强的人，那另当别论。所以，一定要找准自己的专业领域，也就是自己比较擅长的方向或者自己喜欢的领域，垂直深挖下去。比如说你是一个喜欢做教学内容输出的英语老师，就可以到平台上去分享视频教学内容，也可以通过线上直播的方式分享一些学习英语的经验，吸引到的粉丝可能就是学生家长或者想学英语的学生，然后再通过线上宣传、卖课的方式，导流到线下进行教学，就能赚取到第一桶金。

接下来我们举几个例子，看看那些千万级别的主播，都给自己立了怎样的人设。

大家都知道第一代网红papi酱，对她的第一个印象就是搞笑，特别是她的口头禅："一个集美貌与才华于一身的女子。"她的人设标签是"搞笑""快节奏""搞怪变音"，正是因为有了这些潜意识里的"人设标签"，大家一看到她就能联想到搞笑和诙谐幽默。

多余和毛毛姐的人设几乎让人过目不忘，就是较为夸张的男扮女装，通过夸张抢眼的头发色彩吸引了观众的眼球，用一口"飘准"的普通话，征服了大家的耳朵，形成了很好的声音识别，所以多余和毛毛姐的人设识别度特别高。如果要打上人设标签，应该是"说话浮夸""表演浮夸""着装浮

papi酱抖音主页截图

夸"的"古怪女装大佬"，联想到她的第一感觉就是，出戏、搞笑、不按常理出牌。

多余和毛毛姐抖音主页截图

人设介绍	性格、年龄、性别、地域、兴趣等。其中性格塑造尤为重要
说话方式	特定的开头、特定的结尾、特定的语气、特定的动作等
片首图	题目醒目、辨识度高、可直接交代背景等
头像	企业用LOGO、个人IP用头像（真人头像为佳）、行业IP用文字或者LOGO、厂家IP用产品、特殊段子或娱乐IP可以自定义
名字	名字/昵称/+视频特征属性文字。例如：小王教英语、老郭讲财经等
表演风格	文静、浮夸、特殊语调等

打造人设时可以参考此图表

2.内容标签

内容标签是指人设确定之后，用户要输出什么样的内容，到底是亲子类、教学类、心理学类，还是化妆类呢？在视频内容里面，要把这些内容更细化地展示和说明出来。无论是在语音里面提到的，还是在背景设计中出现的相关字眼，都需要特别注意，比如在拍教学视频的时候，要在语言里面提到今天的教学内容是什么。

如果用户打着教学的标签，却播了唱歌的内容，或者讲了一些跟教学没有关系的事情，系统就无法识别用户的短视频到底属于哪一类，有非常大的可能把短视频判断为不具备专业性，最后导致用户失去官方的流量推送。

接下看，我们再看几个千万级别的主播内容，看看他们的内容标签是如何打造的。大家通过下方的标签，就可以看出他们主要输出的短视频，都是游戏内容。这就属于非常精准的内容标签。

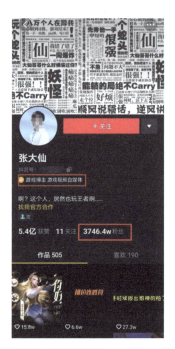

张大仙抖音首页截图

一条小团团抖音首页截图

樊登读书会的内容标签就是讲书，它的抖音官方账号有900多万粉丝。大家是不是有疑虑，那么高频地刷到樊登的视频，为什么才900多万粉丝？大家看看另外一张图，是不是就豁然开朗了。没错，别人的账号可能只有一个，但是樊登读书会一开始就采取了矩阵的模式，它的渗透力更强，总粉丝量不可小觑。

樊登读书抖音界面截图

抖音用户搜索"樊登"界面截图

他们是如何同时注册那么多个抖音账号？又是如何同时剪辑那么多不同的视频再上传呢？大家第一反应可能是人家有钱，请多少人都可以，开多少账号都没问题。没错，他们的确非常有钱，但是，他们的矩阵运营思维也十分巧妙。第一，樊登读书会早期是以1小时左右的长视频录播形式呈现，所以当短视频时代来临时，他们只需要从长视频里剪辑出大量的片段即可。第二，樊登读书会在全国很多城市都有人主动加盟成为分会，这些分会都可以以樊登读书会的名义注册抖音号，然后从原来已经录好课程的视频中剪辑精彩片段，发布到自己的账号上。这样，矩阵账号也就做起来了。这种模式很快被其他商家复制，他们也想通过一个大号，带动无数小号加盟带货，形成IP的超级裂变。

3.标签的特性

黑科技、破解密码、全息投影、人工智能、萌宠、母婴用品等，这些名词让大家一下就能了解属于它们的领域范围，而这种标识就是它们所具备的特性，为这个特性取一个相关的名词，就成了标签。例如，大家在一个漫展上，看到了一些动漫人物和游戏人物的真人仿装，脑海里就会立刻浮现出"COSPLAY"这个词，那么"XX人物的COSPLAY"就可以作为某个仿装人物的标签，而"XX漫展"就可以成为这个活动的标签。

当大家依据精准事件和场景，设计出对应的一个或者多个标签时，就可以在发布时给内容打上这些标签。同时，用户也可以同时@平台里比较火的、具有相似度的热门话题和标签，这样喜欢同题材的其他用户就有可能通过搜索标签找到你。所以，确定了内容输出的方向后，一定要注意根据不同的内容特性，设定好标签。

注意类目	要点	概要
标签的字数	2~4个字为佳	字数越少，标识越清晰
标签的数量	5~8个为佳	个数越多，被搜索到的概率越大
标签的热度	平台热度前10排名	方便增加热度流量
标签的目标用户	用户画像	年龄段、性别、兴趣爱好
标签的关联度	精准领域	认准自己的视频领域，打造垂直内容

设立标签时应注意以上几个方面

主流短视频的内容属性

1.专业性和实用性

如果能把这些有一定门槛的专业技术，通过讲解变成简单易懂的短视频内容，大家能够学以致用，那么这个视频账号的实用性和专业性就可以得到认可，很多人会为了学习一样特有的技能，从而关注更具有专业性的账号。接下来，我们来看几个案例。

这是两个抖音里面以分享美食为主的两个账号，贫穷料理和料理猫王，两个博主都是以分享美食做法为主的，主要走的就是"实用性+娱乐性"的风格，这样既能够调动大家的胃口，教大家如何料理和烹饪，又能让大家在学习的过程中感受到一定的生活娱乐性。特别是料理猫王，让猫以第一人称视角来进行美食烹饪，是个十分别出心裁的创意。

右侧这两张截图来自抖音的两个博主，快学英语Emily老师和厉老师数学思维，他们的共同点是都有属于学科的专业性，一个教英语，一个教数学，这种知识输出是很多想要学习英语和数学的用户所需要的。对于这类博主，想要做好账号，专业度肯定要高，加上主播的个人魅力，就会有很高的用户活跃度。

贫穷料理抖音界面截图

料理猫王抖音界面截图

快学英语Emily老师抖音首页截图

厉老师数学思维抖音首页截图

2.亲民性

如果短视频让人觉得内容十分贴近大家现在的生活，从而形成共鸣，就会给人带来亲民的感觉，换句话说就是接地气。

对于李子柒，大家肯定不陌生，无论在国内还是国外，都拥有很高的知名度。她的内容标签十分清晰，主打中国传统美食和手艺的制作及生活视频，每次拍摄美食视频时，她都是从耕田、播种、收获、洗净、烹饪等——系列非常接地气的细节做起，给人一种自给自足的田园生活，满足当代人对于世外桃源的想象。国风、美食、传统手艺、田园生活，都是她的标签，正是因为这种朴实无华、勤勤恳恳的形象，让她所有的内容都令人向往，显得格外亲切。

李子柒抖音首页截图

3.治愈性

治愈性的视频内容往往十分有传染力，也就是大家常挂在嘴边的正能量。

在抖音搜索栏里输入"治愈系"三字，下面就会自动跳出和治愈系相关的标签，大家可以依据自己喜好的标签去搜索相关内容。治愈系相关的近义词，例如励志、正能量等，也可以去搜索。

抖音搜索栏输入"治愈系"的界面截图

抖音选中用户栏后输入"励志"的搜索界面截图

4.娱乐性

很多自由博主，在没有属于某个领域的专业技能时，也能通过表现自己日常的吃喝拉撒和喜怒哀乐来博取观众的眼球，娱乐性的内容，在产出方面门槛要低一些。基本每个人都可以根据自身的优势，通过自娱自乐、自导自演来输出内容；但是每个领域想要做好，它的可识别度一定要高，剧本、台词、背景、风格等，都得一一考虑进去，只有形成了自己的独立风格和特色，才有长久留存和持续涨粉的可能。娱乐性的内容包含了日常自拍、日常生活、日常聊天、自导自演的剧情剧、各种比赛和游戏、音乐舞蹈表演等，这类主播目前也比较多。

疯产姐妹的内容就是日常两个闺蜜日常生活的点滴记录。这个账号的娱乐性非常强，一个姑娘拍一个姑娘演，背景声音基本由发自肺腑的笑声组成，都说除了打哈欠会传染，快乐悲伤的情绪也会传染，视频里的笑声，让她们的作品极度富有快乐感染力，并用很接地气，让人看了根本停不下来。

疯产姐妹抖音首页截图

5.时效性和即时性

时效性的内容，很多都是偏向新闻报道、娱乐资讯等，在较快时间内播出来的新闻和资讯是人们关注的重点。做与时效性相关的内容，大部分都是新闻媒体、前沿记者，或者某领域一线的工作人员。

在抖音搜索栏里输入"新闻网"和"新闻"时，搜索出来的新闻频道，都是和即时性挂钩的新闻媒体，关注量都十分庞大。因为大家会通过这些媒体来了解社会动态。

在抖音用户栏输入"新闻网"的搜索界面截图

在抖音用户栏输入"新闻"的搜索界面截图

保持视频内容的新鲜度和敏感度

　　保持视频内容的新鲜度是指用户不能天天重复讲同样的内容，虽然账号推送的是垂直领域的短视频，但每天的内容都是不同的、新鲜的。例如你运营的是一个教英文单词的短视频账号，每天教的单词都应该是不一样的；如果你运营的是一个电影解说的短视频账号，每天解说的电影也应该是不一样的。无论是哪方面的视频，切记不能从头到尾都反复讲同样的内容，你一定要能给观众带来新鲜感，让大众每天都能从你这里接收到不同的新东西，大众才会更愿意去关注你。

　　很多平台都会有一两条短视频突然爆发，这时候就要敏感地抓住这些热点，去分析它爆发的原因是什么，到底是因为它比较搞笑，还是因为它的背景音乐比较受观众喜爱呢？你要通过分析这些短视频爆发的原因，找到当下的流行趋势。如果你的视频内容能够贴近当下的流行趋势，那么大家对你的关注就会更多一些。

　　接下来，我们通过飞瓜数据，来看看具体案例。

　　进入飞瓜数据，选择"成长排行榜"，可以查询日榜、周榜和月榜。从日榜排行榜中，找到排名第一的用户，是"小李侃娱乐"，然后选择进入主播视频查看他发布的内容。从时间上就可以看出，他日更新的数量有3条，而且每日都持续更新3条，这说明他的内容更新度是很高的。然后再来看看他的"热词"，基本都是当下比较红的艺人，或者是刚发生不久的娱乐事件，因此内容的灵敏度会比较高。

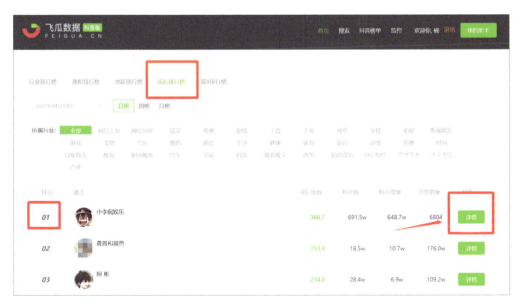

飞瓜数据成长排行榜日榜截图

视频内容 ⓘ	发布时间 ↓	点赞	评论	分享	操作
▶28.08 #王一博 能火不是一蹴而就，背后的努力你... 热词 王一博 努力 喜欢 实力 一博 视频时长：37秒	2021/04/10 11:42:14	5205	225	9	▶ ▶
▶27.83 #王一博：我可不是一夜爆红！#娱乐镜技... 热词 王一博 喜欢 一博 天天向上 视频时长：49秒	2021/04/10 11:08:49	5750	81	4	▶ ▶
▶37.13 #王一博：我可不是一夜爆红！#娱乐镜技场 热词 王一博 努力 一博 平安 艺人 视频时长：56秒	2021/04/10 11:08:01	8435	215	13	▶ ▶
▶0.10 #陈建斌 和 #蒋勤勤 高调秀恩爱，背后是因... 热词 蒋勤勤 吴越 结婚 喜欢 分手 视频时长：56秒	2021/04/09 14:10:41	985	274	--	▶ ▶
▶8.19 #陈建斌 和 #蒋勤勤 高调秀恩爱，背后是因... 热词 吴越 陈建斌 蒋勤勤 男人 视频时长：01分13秒	2021/04/09 14:09:46	1198	260	--	▶ ▶
▶0.10 #陈建斌 和 #蒋勤勤 高调秀恩爱，背后是因... 热词 吴越 分手 蒋勤勤 结婚 视频时长：01分09秒	2021/04/09 14:08:44	715	234	1	▶ ▶

飞瓜数据"小李侃娱乐"主播视频页面截图

注意主题思想的刻画

　　主题思想的刻画是指要根据自己的领域去管理内容，把主题思想展示出来。比如你是一个非常专业的老师，那么你的主题思想就是传道授业解惑，在短视频的主题思想刻画上，一定要重点强调视频内容的教学性质。

　　如果你发现有一些短视频没有播放量，就应该思考这个问题：是否刻画了主题思想。以某个抖音账号为例，前期发布的短视频一直是电影特效，后来你发现只是单纯展示特效并不能吸引流量，于是后面把视频内容从电影特效转变为带有故事性的视频，就能逐渐吸引到大量的粉丝了。比如说某一期的电影特效是给人物身上加一对翅膀，那么你不仅可以拍摄加翅膀的特效视频，还可以在视频中安排一些有人性的故事情节，比如一位女性身上长出了一对翅膀，同时抱了抱她面前的孩子，孩子在这时抬头叫了一声"妈妈"，这时观众就会联想到妈妈长出翅膀是为了保护自己的孩子，这样，该视频的主题思想就被刻画得更有深度了。

只有把人性结合到产品中，把中心思想刻画出来，作品才能更有传播度、更具感染力。

慧慧周原来拍摄的主要内容是影视后期和强视觉影视特效，虽然画面特效十分抢眼，但是涨粉量始终比较平稳，只收到了6.9万的点赞。和另外一张截图相比，点赞量和浏览量形成了巨大的落差，另一个短视频的点赞量有310多万。同一个账号，同样是以影视后期为主，是什么差别导致了两个短视频的播放量相差巨大？

通过对比分析，可以知道第一个视频没有任何剧情，只是纯粹的影视特效，而另外一个视频加入了令人十分动容的剧情，也就是故事性。

慧慧周在后面视频做了改动，几乎每个视频都会带入故事和剧情，让短视频更有人情温度，可读性也更强了。

慧慧周抖音视频内容截图

2.2
学会竞品分析走出差异化

在某一段时间内大家都爱唱歌，导致平台上都是唱歌的主播；又有一段时间，平台突然流行读书会，结果短时间内又有一波读书会的相关账号涌现。顺势而行是常理，但一定要有差异化。要如何在某一领域的竞争中脱颖而出呢，这需要我们在自己擅长的领域内找出竞品。也就是说，一定要分析竞品为什么有的爆红，有的不红，然后再把好的挑出来，看看能不能比他们更好，能不能出一些跟他们的作品有差异化的内容，这样你的作品爆红的概率才会更大。

下面我们来看一下简易的案例步骤。

第一步，假如你想做美食短视频，但是不确定是想做吃播、美食制作，还是想做线下探店，那么这个时候，你就可以先搜索"美食"，系统就会自动跳出和美食相关的一些关键词，你可以从中选择想要看的类目，并最终确定走哪个方向。

第二步，假设你决定做美食制作，那么就可以选中"用户"，然后在搜索栏里搜索"美食制作"，它会搜索出一系列的相关博主。

第三步，找到你喜欢的拍摄类型和风格进行深度分析，然后在它们的基础上走出差异化。

抖音搜索栏输入"美食"的界面截图

在抖音搜索栏输入"美食制作"可查看美食博主列表

多关注同类视频的头部账号

如果你打算把作品投放到某个平台，那你至少要先去那个平台关注4~10个最火的、粉丝最多的账号，然后观察他们的视频大概是在什么时间发布的，视频的内容是什么，分析他们为什么火了。只有这样你才能第一时间知道以上这些信息。在你关注了这些账号之后，有一些平台的系统可能就会识别出来你喜欢的是这类型的作品，接下来以后可能会多给你推荐一些同类的视频。

首先，找到数据分析平台，然后查找你想涉足的那个领域的头部账号。

接下来，假设你想做的是"宠物"类别，那么你可以选择"行业排行榜"，然后选择"宠物"，就能看到这个领域里做得最好那些博主，然后再在短视频平台里的"用户"搜索他们，就可以关注这些头部账号了。

查找头部账号

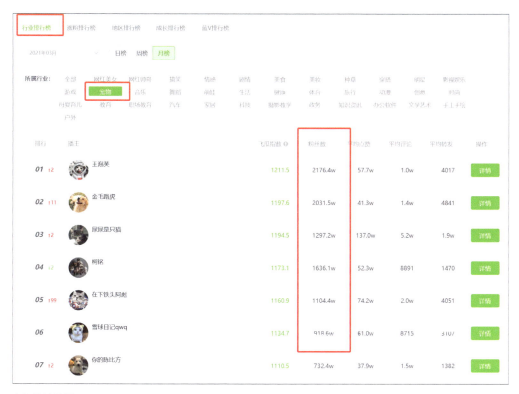

查询关键数据

分析账号里高流量的视频内容

一些有着1000万粉丝甚至2000万粉丝的头部账号，也并不是每个视频都火，找到他们最火的那个视频，然后去分析这个视频的内容，思考"大众喜欢这条视频的原因是什么"，以及"我是不是也可以去拍一些类似的视频"。如果你实在不知道为什么大家会喜欢这种视频，那你就拍一个类似的视频，火起来的概率也会更大。

第一步，单击"详情"。

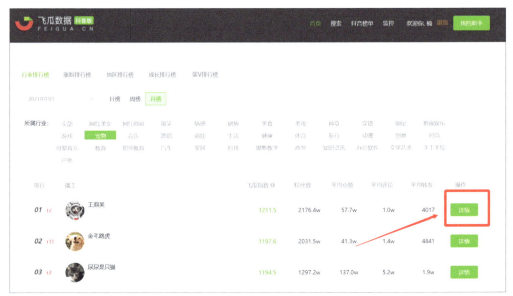

单击"详情"，查看账号详情

第二步，选择"播主视频"。

单击"播主视频"

第三步，进入"视频作品"，选择时间范围，然后选择"点赞""评论"或"分享"，视频会依据你的选择进行排名，直接单击最右边的"操作"，可进行观看和分析。

查看特定时间段的视频作品

对比头部账号的差异

接下来，我们还要对比一下这些头部账号的差异和共同点。如果共同点很多，那肯定就没有问题了，比如封面统一，主播的声音好听，或者主播的语言搞笑，选的故事非常惊心动魄等。

同样是讲电影的账号，有的账号专门剪辑喜剧片，而有的账号专门剪辑恐怖片，有的账号专门剪辑爱情片，因为这些账号是针对不同人群去定位的。那些专门剪辑爱情片的账号吸引女性用户比较多，而那些专门剪辑枪战片的账号吸引男性用户比较多，这就是细化的内容差异。

2.3

依据定位主题匹配标准化模板

完成了人设定位和竞品分析，接下来就要开始定位自己的标准化模板。打造标准化模版的第一步就是视觉的统一，主要分为标题和封面设计。

如何取好标题

对于一个短视频来说，观众首先看到的就是标题，标题是整个视频的窗口，是用户是否决定点进去看的敲门砖，最好能够让人一眼看到就有想点进去的冲动。标题一定要短、新颖、有特色，让观众看到以后瞬间就能激起观看视频的欲望。

那么如何取一个好的标题呢？目前常用的标题形式主要有数字型标题、恐惧型标题、揭秘型标题、人性型标题和名人类标题。下面我们分别介绍这些标题有什么特性。

1.数字型标题

数字型标题的数据清晰，可以让观众一目了然，通过数据就能判断有效数据，从而更具有说服力。研究表明，奇数数字更能吸引用户注意力。

案例1

使用数字型标题前："不同薪资的员工有什么区别"。

使用数字型标题后："年薪5万和年薪50万的区别"。

对比观察这两个标题会发现，有数字的标题更容易让人产生兴趣，因为它已经具体到数字了，看起来很有权威性，能够让人产生好奇的心理。如果标题中没有数据，大家可能就把它当成一个日常的聊天内容，随随便便就把这个视频划走了。

案例2

使用数字型标题前："小伙卖便当收入可观"。

使用数字型标题后："19岁小伙靠卖便当月入30万"。

对比观察这两个标题，第一个标题讲的是这个小伙卖便当挣了很多钱，而把它改为"19岁小伙靠卖便当月入30万"之后，大家首先会想到当代社会的竞争压力这么大，五六十岁的人有可能一辈子都存不下30万，而这个小伙年仅19岁就能月入30万，因此就会有很多想为了生活努力赚钱的人对这个视频充满好奇心，点进这个视频，这就是数字型标题的优势。

我们在写标题的时候，如果视频的内容可以数据量化，那么你就可以把数据写上去，这样会更具专业性和说服力。

Tips 很多短视频平台是不提倡过度炫富的，大家如果制作和价格相关的奢侈品或者生活体验的题材时，切勿过度炫富，不然内容很容易被禁播。

飞瓜数据公众号截图

大LOGO吃垮北京抖音首页截图

2.恐惧型标题

恐惧性标题，是指让观众看到之后产生恐惧和害怕的心理，很多人都喜欢对追求刺激这类标题更能引起人们的关注，从而满足大家越害怕越想点进去看的心理。另外，这类标题也经常会在产品宣传的时候使用。

案例

使用恐惧型标题前："吃糖有害身体健康"。

使用恐惧型标题后："诱发糖尿病的原因"。

我们先来看第一个标题，显然大家都知道糖吃多了不好，但没具体到某一后果，大家还是照样会吃；第二个标题是"诱发糖尿病的原因"，大家都知道得了糖尿病会很痛苦，会想要避免自己得糖尿病，因此看到这个标题可能就会点进去看一下究竟是什么诱发了糖尿病、怎样可以避免得糖尿病。显然，第二个标题更能激发人们逃避恐惧的心理。

3.揭秘型标题

揭秘型标题主要是为了满足大家的好奇心，满足大家想要了解真相的内心需求。

案例

使用揭秘型标题前："如何快速减肥"。

使用揭秘型标题后："不健身也能轻松减肥的天大秘密"。

"如何快速减肥"也是偏向揭秘型的标题，但是没有那么强烈；如果换成"不健身也能轻松减肥的天大秘密"，两个标题一对比，是不是就感觉后面的标题更能吸引人呢？"不健身也能轻松减肥"的目标性更明确，"天大秘密"会让人忍不住想看这个秘密到底是什么。这就是根据人们关注真相的心理特性设计出来的标题。

抖音截图

4.人性型标题

人性型标题能够满足人们的自尊心、私欲和攀比心理等。如果一些标题能够满足人性的弱点，也是相当具有说服力的。

案例

使用人性型标题前："和平精英"。

使用人性型标题后："是男人就来刺激战场吧"。

和平精英是一款游戏。第二个标题中的"刺激"其实是一个具有敏感度的词语，能够满足人的欲望，会让人更想点进去看到底是什么游戏。还有和反恐精英、绝地求生等游戏，它们的封面都是类似的，这样更容易吸引男性游戏用户。

抖音截图

5.名人类标题

名人已经形成了一定的专业性和权威性，取一些带有他们名字的标题也可以引流。比如搞笑类的视频，就可以将标题取为"连papi酱都觉得好笑的视频"，因为大家对papi酱已经很熟悉了，她本身就是一个搞笑博主，既然是连她都觉得好笑的事情，可能大家就更容易点进去了。这就像某个人们并不熟知的产品，请了大牌的明星来代言，人们就会更愿意相信这个产品的权威性。有名人做背书，一是可以形成粉丝效应，二是可以让产品的形象更有保障。

案例1

使用名人类标题前："这是一款很好用的乳液"。

使用名人类标题后："XX推荐的保湿乳液"。

对比前后两个标题，第一个标题行文明了；而第二个标题带有名人效应，让人更有购买的欲望。

案例2

使用名人类标题前："XX新出了一款XX型号相机"。

使用名人类标题后："XX型号一出，令XX王子爱不释手"。

佳能5D4相机上市之后，迪拜王子哈姆丹非常喜欢拍照，他甚至还举办了哈姆丹国际摄影大赛，他在拍野生动物的时候使用的相机就是佳能5D4，此时名人效应就出来了，大众会觉得连迪拜王子都在使用这款相机，那我也要入手。利用名人现有的专业性和权威性来取名字也是同样的道理，这也是我们比较常用的标题形式。

抖音截图

抖音截图

如何设计好封面

1.统一的封面形象

统一的封面形象包括统一的封面背景颜色、统一的背景图片、统一的背景标题、统一的背景风格（幽默/专业/居家/技术/游戏等）。

封面背景颜色一定不要太杂，要有规律，例如所有视频都用黄色的背景。

封面背景图片可以根据视频的类型来定，例如一个专业做教育类的视频账号，背景可以是一块黑板。

封面背景标题包括标题和副标题，可以是内容在中间，标题在上方，字幕在下方，这种属于外部的背景。

封面背景风格也要统一。如果是游戏类视频，那么它的背景可能就是某个游戏英雄的头像；如果是搞笑类的视频，那么它的背景可能就是搞笑的头像。

毒舌电影抖音账号截图

料理猫王抖音账号截图

2.统一的封面内容

内容统一指的是垂直系列要统一。例如：健康美食（第一期、第二期、第三期）、音乐原创（第一首、第二首、第三首）、电影精选（第一季、第一季、第三季）。

所有的视频内容都要围绕主题展开，不能今天是美食，明天是音乐，后天是游戏。也就是说，视频的内容一定要有垂直度。如果你想把这个账号做好，想让粉丝更精准，就不能让人觉得你什么都做，一定要沉下心来把一个账号的垂直做好。如果你真的在很多领域都有研究，可以开设不同的账号，去做另外一个专业领域的内容。尽量不要把各行各业天马行空的东西放到一个账号里面。当然，有一种情况卜是可以的，那就是猎奇的账号，专门盘点各个行业发生的奇怪的事情，每天的新闻都是事实，把它聚集在这个猎奇的账号里面，打上事实类新闻的标签。

抖音截图

抖音截图

3.封面的注意事项

封面一定要原创，特别是现在国家越来越重视版权问题，如果使用了他人的作品作为封面，可能会导致封号甚至被起诉。如果你不会设计封面，可以去猪八戒、淘宝等网络平台寻找一些付费的设计渠道，让他们根据你的个性标签和尺寸要求设计封面。

封面上忌讳直接出现广告：除非你的短视频是投放在广告媒体上的，如果是想通过粉丝效应和自发流量来推广，那么封面上不要出现产品推销广告和相应的推广LOGO，因为这样很有可能被平台封号，或者直接限流。大多数平台都希望大家能够把真正的内容做好，然后吸引更多的粉丝，而不是做一直在打广告的商业性视频，这样会导致用户直接跳过有广告的视频。

从另一个角度来说，如果平台上都是广告，就会让这个平台的流量和用户量减少，所以除非是直接付费的流量推广，现在很多视频平台为了品质，只要封面上有直接打广告的嫌疑，就很有可能会影响你的流量推荐，系统就不会把你的内容推到更大的流量池里面，导致恶性循环，看的人越来越少，视频的爆发力就越来越低。那种有几千万粉丝的大网红都不敢直接打广告，只会在直播平台里面打广告，或者在视频里植入一些软广告。比如拍摄的视频主题是"狗狗的日常快乐生活"，在视频中出现了一包某品牌的狗粮，这种品牌植入的软广告是可以被接受的。

4.封面的尺寸和构图

每个平台的要求和特点都不一样，例如网页端的就趋向于横屏，手机端就趋向于竖屏。在尺寸和构图的选择上，需要先对投放的平台进行分析，多参考平台上头部账号的尺寸。如果你拍视频的时候一直是竖屏拍的，就可以一直保持竖屏；如果是横屏拍的，就可以一直保持横屏；如果你的视频是三分式的背景，那你就不要突然变成对称的背景，除非是拍一些需要特效的视频。

第三章
• • • • •

短视频的拍摄设备与视频设定

在创作短视频的过程中,最常见的拍摄设备有手机、相机、无人机等,以及适用于这些拍摄设备的配件,例如三脚架、补光灯、稳定器等。本章介绍的是短视频拍摄中会用到的几种主流拍摄设备、配件和道具。通过介绍它们的功能和使用方法,帮助大家选择更适合自己的拍摄设备,拍出属于你自己的短视频大片。

3.1

手机及其配件

如果你刚接触短视频的拍摄，资金有限，想要练手，对短视频的画质要求不高，不建议上来就购买专业的相机。现在手机的摄像功能非常丰富，完全能够胜任拍摄短视频的需求。你只需要一部手机和一台稳定器，就可以开始短视频拍摄之旅了。最重要的是，手机无疑是拍摄短视频最轻便的设备，没有之一，它可以让我们"走到哪拍到哪"，随时随地记录生活中的每一个精彩瞬间。

或许有人会说，我拍照还行，但没学过专业的视频拍摄，也不懂转场和配乐，更不会剪辑，根本拍不了好看的视频。其实，短视频拍摄并没有你想象的那么难。只要你的手机有录像功能就够了。

有些短视频看起来很难拍摄，其实操作起来并不复杂。为了让大家能用手机随时随地拍出酷炫的短视频，掌握手机拍摄短视频的方法，接下来我们将分别介绍苹果手机和安卓手机录像功能的应用，以及其他辅助配件的使用方法。

苹果手机

苹果手机是市面上主流的手机品牌之一，其镜头具有色彩还原度高、光学防抖、夜景拍摄清晰、智能对焦、快速算法支持等优势。

以iPhone 13 Pro为例，手机搭配了四个摄像头，分别是前置摄像头和后置的长焦镜头、超广角镜头和广角镜头，前置1200万像素摄像头，后置1200万像素镜头，可在同一部手机实现多种环境下的拍摄需求。

长焦、超广角、广角三合一镜头

打开相机，可以看到苹果系统的拍摄界面简单明了。选择"视频"，单击"录制"按钮即可开始视频的录制；再次单击"录制"按钮即可停止录制。延时摄影、慢动作等功能也可以给短视频拍摄提供不同的画面风格和思路。

进入相机的设置界面，还可以设置录制视频的格式、分辨率和帧率，还可以开启/关闭录制立体声。

苹果手机的视频录像界面　　　　　相机设置界面

安卓手机

市面上的安卓手机涵盖多种手机品牌，为了满足进阶玩家的摄影摄像需求，各手机品牌争先恐后地开发出了更为全面的录像功能。

以荣耀70为例，其前后共搭配有四个摄像头，后置摄像头为5400万像素视频主摄+5000万像素超广角微距主摄，前置摄像头为3200万像素AI超感知主摄，支持手势隔空换镜。

荣耀70系统自带的视频功能较苹果手机更为丰富多样。除了常规的录像功能之外，还提供了多镜录像功能，以及慢动作、延时摄影、主角模式和微电影功能，极大程度提高了拍摄手法的多样性。

荣耀70

录像界面

设置界面

使用多镜录像功能可以双屏录制视频，并且可以随时切换前/后、后/后、画中画镜头。

多镜录像（画中画）界面

多镜录像功能的镜头切换

Vlog主角模式可同时输出两路视频画面，包括主角画面和全景画面，全景的美好、局部的精彩，一录双得，不留遗憾。两路画面都支持1080P高清、美颜效果和EIS防抖算法。

进入相机的设置界面，同样可以设置视频的格式、分辨率和帧率，还可以开启/关闭隔空换镜。

Vlog主角模式界面

相机设置界面

蓝牙遥控器

尽管大多数手机都自带手势拍照、声控拍照、定时拍摄功能，但有时也会因为距离太远导致拍摄失败。在这种情况下，手机蓝牙遥控器就能够解决这一问题，方便我们自拍视频。只需将蓝牙遥控器和手机连接成功，在支持的距离范围内按下蓝牙遥控器上的快门按钮，就可以开始录制视频了。

这种远距离控制手机进行视频拍摄的方法，适用于无人帮忙、狭窄空间等场景，让短视频的拍摄更加轻松、自如。

手机蓝牙遥控器

外置手机镜头和滤镜

当前手机的拍摄性能虽然越来越好，配置多个镜头，但主要还是以数码变焦为主，通过单张画面的缩放来实现景物的放大或缩小，所以画质往往不够理想。想要得到更好的画质效果，还需要外置手机镜头的帮助。

外置手机镜头是一个单独的设备，需要和手机镜头搭配使用，是在原有的手机镜头上作为辅助使用的。使用时将外置手机镜头覆盖在手机原来摄像头的表面即可。

外置手机镜头的作用是可以为拍摄带来更多的玩法和成片效果，改变原有的拍摄距离，增加了拍摄的轻便性。带着相机出门是一种重量负担，现在很多人更愿意用手机录制短视频，但想要拍摄近距离的事物或是更广阔的风景，或多或少都受到了一点局限，而外置手机镜头恰好解决了这些问题。

不同的手机镜头可以达到不同的拍摄效果。常见的手机镜头类型分为广角镜头、长焦镜头、微距镜头、鱼眼镜头，此外还有CPL偏光镜、星光镜等镜头滤镜。不同外接镜头可以带来不同的画面效果。

外置手机镜头

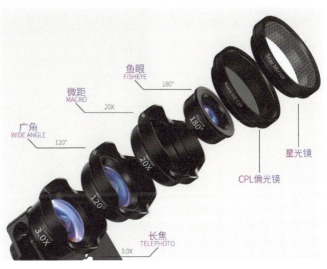

六合一手机镜头

广角镜头

　　广角镜头适用于拍摄风光和大的场景。例如我们在短视频拍摄中需要拍下一整栋楼或几栋楼，普通的拍摄模式只能拍到楼体的一部分，而使用广角镜头则可以把整栋楼都拍摄进去，这就是广角镜头的作用。

使用广角镜头拍摄的视频画面

长焦镜头

　　长焦镜头适用于拍摄短视频中的远景部分，焦段越长可以拍的景物越远。目前手机在拍摄长焦时画面的画质不够理想，如果你特别喜欢长焦拍摄，也可以去选购专业的长焦镜头去尝试一下。

使用长焦镜头拍摄的视频画面

微距镜头

微距镜头适用于短视频中的细节拍摄，例如拍摄昆虫、花蕊和花瓣等细节部分。有专业的微距镜头供大家选购。

使用微距镜头拍摄的视频画面

手机三脚架

拍摄固定镜头时，手持的效果不够稳定，需要搭配防抖设备，手机三脚架就能起到固定手机设备的作用。市面上常见的手机支架类型有以下几种：桌面三脚架、八爪鱼三脚架、专业三脚架等。

桌面三脚架具有尺寸小、稳定性可靠的优势。材质有金属、碳纤维和塑料等，多用于室内场景。

八爪鱼三脚架尺寸较小，此类三脚架的脚管是柔性的，可以弯曲绑在栏杆等物体上，使用比较方便。但相较于桌面三脚架来说，八爪鱼三脚架的稳定性有所欠缺。

专业三脚架具备伸缩脚架、云台、手柄等部件，脚架高度可随意调节，手柄辅助360°全向旋转，多用于室外场景。

桌面三脚架

八爪鱼三脚架

专业三脚架

购买手机三脚架时需要注意支架高度、承重能力和防抖性能。

高度：在购买手机支架时，需要根据自己的需求和拍摄对象来考虑合适高度的手机支架。例如在拍摄风景、人像等类型的时候，就需要选择高一些的支架；而桌面拍摄一些讲解类的短视频时，矮一些的桌面三脚架则是首选。

手机夹

承重能力：承重能力越强，手机支架越稳定。一般来说，金属材质的支架承重能力会好一些，但这类金属材质的支架往往要昂贵一些，而塑料材质的支架则便宜很多。

防抖性能：从某种意义上来说，支架的防抖性能与承重能力是成正比的，承重能力越强的支架稳定性越高。对于拍摄照片来说，稳定性可能没那么重要，但对于拍摄视频来说，防抖性能越好的支架越值得购买。当然，价格也会越高。

快装板

不要以为只要有三脚架就可以固定手机了，实际上在手机与三脚架之间还需要几个小附件进行连接：一个是手机夹，用于夹住手机；还有一个是快装板，要安装在三脚架上，再去接手机夹。

手机稳定器

入手一台大疆的四代或者五代的手机稳定器，就足够完成一条视频的拍摄了。一部手机搭配一台手机稳定器，足够轻巧，横拍竖拍都可以，随时随地都可以立刻开始记录。手机稳定器能够帮助我们在视频拍摄的过程中消除手机的抖动，使拍摄出来的视频画面更加稳定。

手机稳定器具有多种功能，以大疆DJI osmo 5为例，它采取磁吸式固定手机的方式，可轻松将手机拆卸或安装于稳定器上，三轴增稳云台设计让拍摄的画面更加防抖，即便在运动场景中画面也能保持稳定。内置延长杆可延长21.5cm，将自拍杆和稳定性能进行了融合。

手机稳定器

拍摄指导功能（需下载配套APP）可以智能识别场景，推荐适合的拍摄手法及教学视频，助你轻松出大片；也能根据所拍素材智能推荐一键成片，让记录、剪辑、成片一气呵成。

智能跟随模式（需下载配套APP）可智能识别选定人物、萌宠，使被摄主体始终位于视频画面居中的位置，让人物或萌宠在运动过程中也可始终处于C位。

此外，大疆DJI osmo 5还具备全景拍摄、动态变焦、延时摄影、旋转拍摄模式、Story模式等辅助模式，让素材的拍摄更加轻松。

拍摄界面

智能跟随模式示意图

补光灯

补光灯小巧、便携，补光效果柔和均匀。在拍摄短视频时，也可以使用这种非常简单、性价比高的灯具。一般来说，补光灯可以让拍摄出来的人物皮肤更显白皙。

补光灯

3.2

相机及其配件

　　短视频博主最常用的相机主要有运动相机、口袋相机和专业相机，除此之外还会配备相机三脚架和相机稳定器，下面我们详细讲解不同拍摄器材的基本特征和优缺点。

运动相机

　　运动相机是一款紧凑型摄影录像一体机，它易于使用，坚固耐用，具备防水、防尘、光学防抖功能。用户即可拍摄第一人称的运动画面视角，也可拍摄视频和静止图像。它体积小、重量轻，更适合跳伞、滑板、骑行、跑步、游泳、潜水、海边等运动场景拍摄。运动相机拥有丰富的配件群，可根据场景搭配不同种类的配件，可将运动相机安装在传统相机和智能手机无法安装的地方，比如车顶、头盔、领口、背包处，甚至安装在宠物身上，带来前所未有的全新角度视频影像资料和观感体验。

　　运动相机的优势在于其特殊的取景方式，会给画面带来更多的冲击力和新奇感，方便录制沙漠、水底等场景的视频。不足之处就是弱光下拍摄质量急剧下降，拍摄出来的视频会噪点爆炸，使用场景特点明显，受限也较为明显，电池续航时间不长且无法外置电源。

运动相机　　　　　　　　　　　　　　　　　　　在水下拍摄

以GoPro 为例，作为一款运动相机，它有着强大的防抖功能，用它来拍摄运动题材和旅游题材再适合不过了！比如边走边播这种形式的旅游类Vlog，就可以用GoPro来拍，它的体积小巧，不太会吸引路人的注意。广角镜头的拍摄范围够广，自拍时能录到身后的环境。使用转接头也能外接麦克风。

GoPro HERO10 Black运动相机

口袋相机

口袋相机具有三轴的机械云台，增稳效果更佳。并且可以控制移动相机的角度，带有智能跟随功能。更适合拍摄人物、景物、美食、生活类题材的视频。如果想挑选一款轻巧且功能强大的拍摄设备，也不想在设备上投入过多的话，可以选择用口袋相机进行拍摄。

以大疆DJI pocket 2为例，它能拍摄6400万像素的照片和4K60帧的视频。小巧的三轴云台稳定性能很好，平时放在背包里，想要拍的时候就拿出来，一点都不累赘。它的背面有一个小屏幕，自拍时能看到自己。它完全能充当一部很好的视频拍摄设备了。

大疆DJI pocket 2口袋相机

专业相机

如果你是想制作比较专业的短视频，对画质有比较高的要求，可以选择专业相机作为拍摄设备。专业相机具有更好的续航能力，且能应对更多的极端环境，稳定可靠。缺点则是其设计结构复杂且内部装置较多，因此专业相机的体积较大，重量也比较大，一般都需配备专门的相机包、三脚架、防潮箱等设备使用储存。

专业相机

你可以根据自己的预算来选择合适的相机。

如果你是女性Vlogger、学生党，或者美食、美妆类视频博主等，希望设备操作简单，拍摄人像漂亮，可以考虑佳能G7 X Mark II。很多网红、Vlog博主都在使用这台相机，它带有美颜功能，机器有翻转屏，方便自拍。缺点是没有麦克风接口，收声对拍摄环境要求较高，另外电池续航能力比较差。

如果你对画质有一定要求，并且有一定的剪辑能力，可以考虑专为拍摄Vlog设计的索尼ZV-1。它非常轻巧，能够拍摄4K HDR、S-Log3等专业格式，内置立体声收音麦克风，也有侧翻屏，对焦强大稳定。值得一提的是，这台机器有产品展示功能，当有需要展示的物件靠近相机时，能够迅速自动对焦，非常适合有产品推荐需求的博主使用。

如果以上设备都不能满足你，还需要相机有更强大的虚化、4K、防抖、对焦、高感，那么可以考虑价格更高的其他机型，比如索尼A7M3/A7M4/A7R3/A7R4等。

当然，除了对相机的投入，还需要配置镜头、稳定器、收音麦克风、滑轨、云台、剪辑电脑等，同时要有很好的后期剪辑能力。如果以上这些都没问题，那么马上开始你的创作吧，阻碍你的只有拍摄的创意了。

相机三脚架

相机三脚架的功能和手机三脚架类似，主要起到固定增稳的效果。最常见的三脚架材质是铝合金和碳纤维。铝合金三脚架重量轻、十分坚固；碳纤维三脚架则有更好的韧性，重量也更轻。

相机三脚架按管径分类可分为32mm、28mm、25mm、22mm等。一般来讲，管径越大，三脚架的承重越强，稳定性越强。选择三脚架的一个重要要素就是稳定性。在材质、长短合适的前提下，许多职业摄影师会在三脚架上吊挂重物，通过增加重量和降低重心的方法来获得更高的稳定性。

相机三脚架

相机稳定器

手持相机拍摄视频时，由于手抖和人走路时的颠簸，会使得画面非常不稳定，画面让人看了头晕。为了拍摄稳定的画面，我们通常需要借助外接设备来帮助我们稳定相机，安装相机稳定器就可以避免这些情况的发生。

在相机稳定器领域中，除了常见的大疆品牌以外，智云的表现也令人惊喜。作为目前手持稳定器的领头羊，大疆和智云基本都能够让消费者感受到出色的稳定器体验。

如何正确使用稳定器？相机稳定器的使用技巧有哪些？相机稳定器的功能有哪些？下面我们以智云云鹤2S为例，介绍一下相机稳定器的使用方法和主要功能。

相机稳定器

智云云鹤2S

首先，将相机安装在稳定器上，手持稳定器，这样相机拍摄的画面就非常稳定了。

在将镜头推近和拉远的时候，我们同样手持稳定器，保证画面稳定、不晃动。

在侧面跟拍的时候，我们要注意手持稳定器的方向和步伐的频率要保证一致，避免相机画面的突然晃动。

巨幕摄影

在跑步跟拍的时候，即使有稳定器的加持，相机画面也很难保持足够稳定，这时我们需要保证自己身体的稳定，避免出现大幅度的晃动。

环绕拍摄时，我们只需单手持稳定器即可。

最后一个技巧，就是在推近和拉远镜头的过程中，同时旋转稳定器，可以拍摄出一种"天旋地转"的感觉。

定点延时

智云云鹤2S还提供了很多进阶玩法，例如巨幕摄影、定点延时、移动延时、长曝光动态延时等，在普通拍摄的基础上加上这些高阶玩法，想拍摄出大片绝非难事。

长曝光动态延时

柔光板

　　柔光板的主要作用是柔化光线，在不改变拍摄距离和背景的情况下，阻隔主光源和被拍摄物体间的强光，有效减弱光线。

柔光板

反光板

　　用灯具为场景或物体进行补光，有时投出的光线会让人感觉较硬，拍出来的画面不够柔。这时可以使用反光板，将灯光打在反光板上，借助反光板的反光进行补光，画面的光效即可变柔和。反光板有白色、银色、金色等多种色彩，借助不同的反光板材质可以营造出不同色调的反光。

五合一反光板

摄影灯

　　可调节式摄影灯是短视频拍摄中最常见的一种灯具，用于补光。在影棚内拍摄一些短视频时，可以考虑使用这种灯具。这种摄影灯可以调节冷光、暖光、柔光和散射光等。不同功能的摄影灯价格也不一样。大家可以根据自己的摄影需求去选择不同的摄影灯具。

摄影灯

除了摄影灯外，一般的LED灯、补光灯、手电筒、道具灯等都可以作为补光灯具使用，只要搭配合理，也能营造出很好的画面效果。

补光灯、柔光伞等道具

3.3
无人机

无人机也被称为飞行相机。近年来，随着无人机技术的成熟，航拍也逐渐走入大众视野。目前无人机搭载的镜头性能强大，成像效果不亚于相机。以大疆Mavic 3为例，该无人机采用哈苏镜头，搭配定焦镜头和变焦镜头，支持4K画质拍摄和4倍变焦。相机云台自带三轴稳定器，为视频画面减少抖动提供了有力的支持和保障，同时还支持一键成片、智能跟随、大师镜头、全景拍摄、延时拍摄等辅助功能，可通过系统预设内容自动完成镜头拍摄，方便新手快速掌握拍摄技巧和方法。

无人机

无人机拍摄的优势是在相机达不到的全新视角进行拍摄，使用"上帝"视角俯瞰景色。缺点在于飞机操控技术需学习，飞行的安全法规也需掌握。

航拍视频画面1

航拍视频画面2

3.4

设置适当的参数

视频的格式、分辨率以及帧率是在短视频拍摄的过程中经常能够接触到的概念，本节重点讲解视频格式和其他参数的设置。掌握了以下内容，你的短视频作品将会更专业。

视频格式

这里列举几种常用的视频格式。

MP4

视频的MP4格式是一种使用MPEG-4的多媒体格式，副档或后缀名为.Mp4，是一套用于音频、视频信息的压缩编码标准，以储存数码音讯及数码视讯为主，MPEG-4是一个公开的平台，所以市场上出现了很多基于MPEG-4技术的视讯格式，例如Quick Time、WMV 9、XviD等。

MKV

MKV格式是一种多媒体封装格式，拥有容错性强、支持封装多重字幕、可变帧速、兼容性好等特点，所以它不是一种压缩格式，而是一种开放标准的自由的容器和文件格式。包含很多开源软件，能容纳多种不同类型编码的视频、图片、音频及字幕轨道等。

AVI

AVI是由微软公司在1992年发布的视频格式，它的体积比较庞大，在视频领域可以说是最悠久的格式之一。AVI格式调用方便、图像质量好，压缩标准虽然可任意选择，但是由于不统一，所以有时候会导致一些播放器无法播放。

MOV

MOV是由Apple公司开发的一种音频、视频文件格式，也就是平时所说的Quick Time影片格式，常用于存储音频和视频等数字媒体。

WMV

WMV是一种数字视频压缩格式的文件，它是由微软公司开发的一种流媒体格式，比较适合在网上传播，音频视频可同步播放，主要特征是可扩充的媒体类型、本地或网络回放、支持多语言、扩展性强等。

FLV/F4V

FLV流媒体格式是一种新的视频格式，也就是以前的flash，它的好处就是容量小，所以特别适合在网页上播放。F4V是Adobe公司推出的继FLV格式后的支持H.264的F4V流媒体格式，后者较于前者更加清晰，它的码率最高可达50Mbps。

RAM

REAL VIDEO格式是由RealNetworks公司所开发的，后缀名为RA、RM、RAM、RMVB，可以说是视频流技术的始创者。

ASF

ASF意为高级流格式，是微软公司为了和Real Player 竞争而推出的一种可以直接在网上观看视频的文件压缩格式。ASF使用了MPEG-4的压缩算法，压缩率和图像的品质效果都不错。

蓝光(Blu-ray)

Blu-ray Disk（蓝光光碟）是DVD之后下一时代的高画质影音储存光盘媒体，普通蓝光盘可以达到20G以上的容量，甚至达到惊人的100G，因此可以存储更清晰的影片。

视频比例

视频比例是指视频画面的长宽比例，在拍摄时，我们首先要确定的是选用横屏还是竖屏。

目前最常见的视频比例为16：9(横屏)和9：16(竖屏)。通常情况下，横屏更讲究大场面、纵深感，尤其适合表现规模和氛围，适合在大屏幕，比如电影屏幕上观看。竖屏则更适合移动端。相较于横屏，竖屏更贴近观众的主观感觉，能增强观众与屏幕内容的交流感。除此之外，还有4:3、2.35:1、2:1 1.85:1、1:1、3:4等视频比例，我们可以根据自己的需求选用。

视频分辨率

视频的分辨率是指视频在一定区域内包含的像素点的数量。常见的视频分辨率有：

● /20P的分辨率为1280×720像素

● 1080P的分辨率为1920×1080像素

● 2K的分辨率为2560×1440像素

● 4K的分辨率为3840×2160像素

● 8K的分辨率为7680×4320像素

"P"全称为Progressive，译为逐行扫描，表示纵向有多少行像素，比如：720P表示纵向有720行像素、1080P表示纵向有1080行像素。

视频帧率

图片快速播放就可以形成动态的视频效果，在1秒内能连续播放24个画面就会形成动态效果，那么每秒播放24个画面就是视频的"帧率"。

帧率的单位是"fps"，常见的有24fps、30fps、60fps。帧率越高，视频播放起来会越流畅，对设备要求也越高。

视频图像实现传播的基础是人眼的视觉残留特性，每秒钟连续显示24幅以上的不同静止画面时，人眼就会感觉图像是连续运动的，而不会把它们分辨为一幅幅静止画面，因此从再现活动图像的角度来说图像的帧率必须达到24fps以上。

24fps只是能够流畅显示视频的最低值，实际上，帧频要达到50fps以上才能消除视频画面的闪烁感，并且此时视频显示的效果会非常流畅、细腻。所以，当前我们看到很多摄像设备，已经出现了60fps、120fps等超高帧率的参数性能。

24fps的视频画面截图，可以看到并不是特别清晰

60fps的视频画面截图，可以看到截图更清晰

视频码率

　　码率也叫取样率，全称Bits Per Second。指每秒传送的数据位数，常见单位KBPS（千位每秒）和MBPS（兆位每秒），码率越大单位时间内取样率越大，数据流精度就越高，视频画面就更清晰，画面质量也更高。

　　总结来说，分辨率影响视频的大小和清晰度，帧率影响视频的流畅度，码率影响视频的体积。

第四章
• • • • •

提升短视频的表现力

　　除内容、结构等要素之外，视频画面自身的表现力，包括视频的播放速度、流畅度等画质因素，也是我们评判视频品质高低的重要标准。本章我们将介绍如何通过技术或硬件手段来提升视频表现力。

4.1
如何保证画面的速度与稳定性

如果运动镜头的运动速度比较快，那么最终的视频画面切换速度也会非常快，给观看者留下的反应时间会比较短，导致观看者无法看清画面中的内容，这样的画面给人的观感就不够理想。所以通常来说，运动镜头运动的速度不宜过快，要让每一帧画面都足够清晰，这样才能更好地表现画面内容。

可以看到，如果镜头移动的速度过快，画面可能是模糊的；而如果镜头运动速度慢一些，画面就足够清晰。

镜头运动速度过快的画面

镜头运动速度适中的画面

拍摄运动镜头，人身体的重心会随着脚步的移动而前后或左右进行晃动，这就会导致视频画面产生抖动，画面不够平稳。要拍摄非常稳定的视频画面，通常我们要确保身体重心不要有过大的运动幅度，并且要保持手部的稳定性。

从视频截图来看，在同一秒钟之内，画面出现了较大的位移，这是一种非常明显的抖动，给人的观感也不会好。

抖动幅度过大的视频画面1

抖动幅度过大的视频画面2

为了获得更好的效果，往往需要我们使用一些稳定设备来得到平滑过渡的视频。比如说手机稳定器、相机稳定器或是相机兔笼等稳定设备，都能够帮助我们有效提高拍摄的稳定性。

手机稳定器

相机"兔笼"

装好"兔笼"的单反相机

4.2

提升画面质感的关键——Log 与 LUT

在拍摄一些光线比较强烈的场景时，太阳周边或光源周边亮度非常高，但是阴影区域亮度又非常低，这种属于反差比较大的情况。这时，拍摄器材有可能无法同时还原出亮部和暗部的所有细节，往往会出现高光过曝，或者暗部死黑的问题。针对这种情况，比较专业的数码单反相机、摄像机，甚至比较高端的手机都推出了Log模式。

所谓Log模式，就是先在器材之内，降低亮部的曝光值，提高暗部的曝光值，尽最大可能保留所拍摄场景的更多信息，那么我们后期进行调色时就可以提亮亮部、压暗暗部，恢复画面的反差，并且保留高光和暗部的细节，这就是Log模式存在的意义。

在剪映软件中，我们也可以看到Log色轮这样的功能，主要是用于对一些素材片段进行调色。

采用Log模式拍摄的细节丰富的画面，可以看到灰蒙蒙的

如果使用Log模式拍摄，我们可以看到拍出的视频画面是灰蒙蒙的，对比度非常小，但是亮部和暗部的细节都保留了下来。在调色软件中对视频进行调色，我们就可以看到恢复了所拍摄场景的明暗与色彩，视频色彩就会变得非常漂亮，并且高光和暗部的细节都不会丢失。

剪映软件中的Log色轮功能

色彩还原后的视频画面

在视频调色领域，还有一个概念叫LUT，是Look Up Table（颜色查找表）的缩写。它的功能在于，通过LUT，我们可以改变画面的曝光与色彩。

通过对Log视频进行调色，可以得到细节丰富、色彩鲜艳的视频画面，这实际上是一种校准色彩的功能。而LUT调色，则是一种风格化调色的过程，意思是说我们可以根据自己的理解或需求，将视频调整为某些特殊的色调。比如说，我们可以将视频调整为青橙色调、复古色调等。

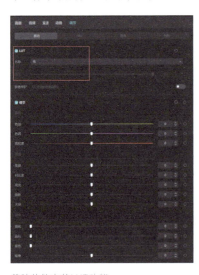

剪映软件中的LUT功能

套用复古LUT后的视频画面

4.3

掌握好用的视频剪辑软件

对于一般的短视频创作来说，我们很少借助特别复杂软件来进行处理，但这并不代表一般短视频创作就用不到电脑端的专业剪辑软件。

对于一般爱好者来说，日常的剪辑我们可以通过手机版剪映软件来进行处理，还可以借助性能更高，兼顾专业剪辑与人工智能算法的电脑版剪映软件来处理视频。如果我们需要进行非常专业的视频处理，则可以考虑使用Premiere（简称Pr）和Final Cut Pro（简称FCP）。

专业视频剪辑工具

1.Premiere

Premiere是视频编辑爱好者和专业人士必不可少的视频编辑工具，具有易学、高效、精确的特点，可提供视频采集、剪辑、调色、美化音频、字幕添加、输出、DVD刻录等非常强大的功能，并和其他Adobe软件高效集成，使用户足以完成在编辑、制作、工作流上遇到的所有挑战，满足您创建高质量作品的要求。

对于一般的短视频创作者来说，可能更多的工作会在手机APP上完成，但实际上如果要进行更专业一些的调色和效果制作，Premiere则无疑会有更好的效果。

2. Final Cut Pro

如果说Premiere是Windows操作系统下能够兼顾视频创作专业人士与短视频创作业余爱好者的利器，那么Final Cut Pro则是苹果操作系统下最理想的视频剪辑软件。

Final Cut Pro 是苹果公司开发的一款专业视频非线性编辑软件，当前最新版本是Final Cut Pro X，包含进行后期制作所需的大量功能。可导入并组织媒体（图片与视频等），可对媒体进行编辑、添加效果、改善音效、颜色分级优化等处理。

Pr软件的剪辑界面

Pr软件的调色界面

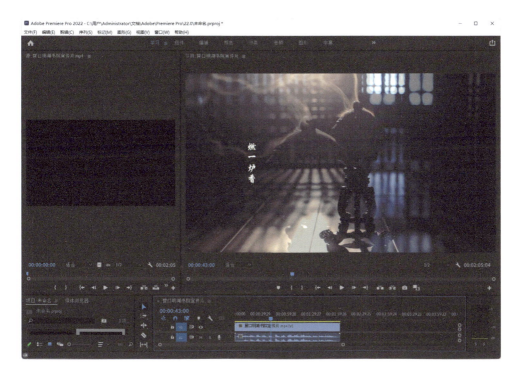

FCP软件的剪辑界面

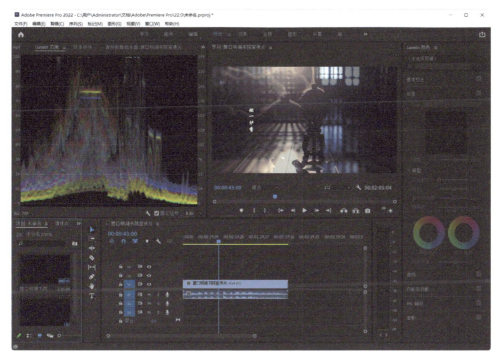

FCP软件的调色界面

与众不同的剪映软件

对于一些要求不是很高的短视频创作场景来说，可以将拍摄好的素材直接在手机内借助免费APP进行剪辑和特效处理。

剪映APP是当前比较流行、功能也比较强大的短视频剪辑和特效制作工具，这款工具是抖音旗下的免费软件。除了能够完成正常的音视频、字幕处理外，剪映APP还可以借助强大的人工智能算法，帮助短视频创作者进行短视频的快速成片，以及卡点、贴纸等特效制作，并可以快速、高效地输出高品质短视频。

剪映APP主界面

短视频剪辑界面

一件成片界面

如果不习惯在非常小的手机上剪辑视频，或是对视频细节要求比较高，又不会使用Pr及FCP等专业软件，那么剪映电脑版是最好的选择。剪映电脑版与剪映手机版一脉相承，绝大多数功能基本相同，但却可以在电脑上以更直观的界面进行视频处理，并且剪映电脑版集成了大量的人工智能算法，可以快速帮用户获得更好的视频剪辑效果。

剪映电脑版界面

4.4

视频特效制作与调色软件

　　针对专业级视频剪辑，我们可以使用Pr与FCP软件，而对于专业级视频特效制作，则可以使用Adobe公司的After Effects（简称AE）软件，这是一款可以进行分图层工作的影视后期软件，是影视后期合成处理的专业级非线性编辑软件。该软件在影像合成、动画制作、非线性编辑、设计动画等领域都有很强的性能，并且可以与其他主流3D软件（如Maya、Cinema 4D、3Ds Max等）很好地衔接。

　　如果要进行非常专业的视频调色，则可以使用DaVinci Resolve Studio（达芬奇）软件，这是一款集剪辑、调色功能于一身的软件。它的剪辑功能不如Pr、FCP等专业的剪辑软件强大，但在调色方面，达芬奇是最强大的。在视频的拍摄创作中，我们在现场不能完全控制光线等因素，所以拍出来的画面难免会有光影不一、色调不同的现象。这些问题就可以在达芬奇中通过后期调色去调整。达芬奇是一款在业内被广泛应用的软件，是剪辑师必备的技能。

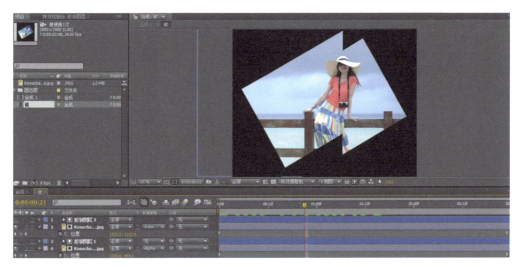

AE软件工作界面

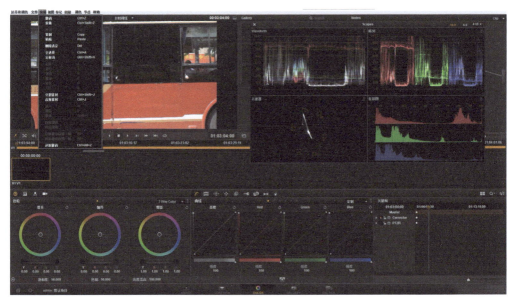

达芬奇软件工作界面

最后，我们介绍一款普及度非常高，但在影视后期中又比较另类的软件——Photoshop（简称PS）。众所周知PS是一款平面后期软件，但实际上这款软件也具有简单的视频剪辑和调色功能。借助PS自身强大的蒙版、调整图层功能，我们可以对视频进行一些简单的局部影调与调色处理。

在PS的时间轴中可以对视频进行剪辑，并借助调整图层对视频进行调色

4.5

延时视频与慢动作

　　在一般视频中穿插延时视频与视频慢动作，可提升视频的表现力，并渲染一些特定的情绪氛围。本节讲解延时视频的拍摄方法与慢动作的拍摄方法。

延时视频

　　延时视频是一种将时间压缩的拍摄技术。其拍摄的通常是一组照片，后期通过将照片串联合成视频，把几分钟、几小时甚至是几天的过程压缩在一个较短的时间内以视频的方式播放。延时视频通常应用在拍摄城市风光、自然风景、天文现象、城市生活、建筑制造、生物演变等题材上。

延时摄影的拍摄过程类似于制作定格动画，把多张拍摄间隔时间相同的图片串联起来，合成一个动态的视频，以明显变化的影像展现景物低速变化过程的手段。譬如从日落前2小时开始拍摄日落，直到日落后1小时天色渐黑，在这3小时内，每分钟拍摄一张照片，以记录太阳运动的变化，共计拍摄180张照片，再将这些照片合成视频，按（每秒24帧）播放，即可在几秒钟之内展现日落的全过程。

拍摄延时视频的器材主要有单反相机、无反相机或无人机。拍摄方法也很简单，以单反相机为例，需要以等时间隔拍摄一系列照片。不建议手按动快门，避免造成画面抖动。如果相机不具备间隔拍摄功能，就需要外接一根快门线。同时还需要准备一个稳定的拍摄平台，比如三脚架，否则任何晃动都会造成后期视频画面的晃动。

在拍摄过程中需要注意以下几点。

1. 镜头前尽量不要出现行人或动物经过，避免遮挡，影响整体画面的美感。

2. 在刮风等天气下，需注意三脚架的稳定，如画面抖动或镜头倾斜也会导致前功尽弃。

3. 在高温或极寒条件下，需注意设备的降温或保暖，避免设备在拍摄过程中自动关机。

4. 延时拍摄一般时间较久，注意携带充足的外接电源以保证电量。

如右图所示，使用间隔拍摄功能连续拍摄多张日出的照片，再通过后期把这些照片串联起来，合成一段延时视频，即可呈现出让人惊叹的震撼效果。

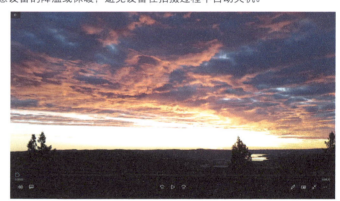

延时视频镜头1

延时视频镜头2

慢动作

慢动作，是指画面的播放速度比常规播放速度更慢的视频画面。慢动作视频的每秒帧数比常规速度视频更高，即在每秒中内播放的画面要更多，呈现出来的细节更加丰富。

目前大多数手机都具备慢动作拍摄模式。可拍出具有慢动作效果的画面。慢动作视频画面的播放速度较慢，视频帧数可达到120fps，画面看起来也更为流畅，这被称之为升格。

慢动作主要拍摄的题材有：动作特写、运动、风吹、水流等。拍摄慢动作时需保持手机的稳定，可借助三脚架、稳定器等辅助设备。拍摄慢动作时，对环境光的要求也较高，需要有足够的进光量来保证画面质量，较为阴暗的环境拍摄慢动作，画质会模糊不清。

如右图所示对人物进行慢动作拍摄，并对人物的五官进行特写，可以低于常规物体移动的速度来展现出一种眼睛"缓慢"张开的美感。

慢动作镜头1

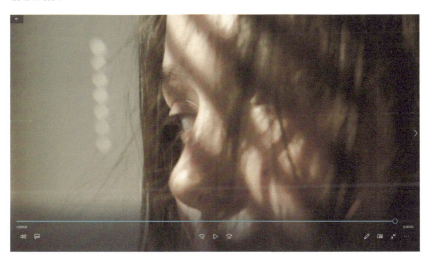

慢动作镜头2

第五章

短视频拍摄：
景别、构图、光线与运镜

视频创作是由多个镜头组合而成的。镜头是视频创作的基本单位，是一段拍摄出来的有设计、有想法的连续画面。镜头的应用技巧影响整个视频作品的最终效果。因此，要想拍摄出一段完整、令人满意的短视频，就需要学会一定的拍摄技巧。拍摄技巧是用来辅助视频内容的，目的是让视频内容能够更好地呈现。

本章就来介绍一下短视频的拍摄技巧，帮助大家快速提高短视频的拍摄水平。

5.1

景别

　　景别是指镜头与拍摄对象的距离，取景的距离直接影响视频画面的容量。镜头越接近被摄对象，视角越窄，容纳的环境因素越少；镜头越远离被摄对象，视角越广，容纳的环境因素越多。

　　摄入画面内的主体形象，无论人物、动物、静物或景物，都可统称为"景"。而画面的景别取决于镜头与被摄对象之间的距离和所用镜头焦距的长短两个因素。

　　下面介绍短视频拍摄中常用的五种景别，分别是远景、全景、中景、近景和特写。

远景：交代环境信息

　　远景镜头的视角非常宽广，通常使用广角镜头拍摄，适合拍摄城市、山峦、河流、沙漠或者大海等户外类短视频题材。尤其适用于拍摄短视频的片头部分，能够将主体所处的环境完全展现出来。

使用手机广角镜头拍摄的远景视频画面

全景：描述主体对象全貌

全景镜头的视角要比远景镜头的视角稍窄一些，通常使用广角镜头拍摄，适合拍摄主体的全貌。虽然全景镜头的视角比较广，但对比远景画面，拍摄的距离却比较近。更能够展示出人物的行为动作和表情相貌，也可以从某种程度上来表现人物的内心活动，或者用来表现多个人物之间的关联。

全景画面既不像远景那样由于细节过小而无法很好地进行观察，又不会像中近景画面那样无法展示人物全身的形态动作。在叙事、抒情和阐述人物与环境的关系上，起到了独特的作用。

使用手机广角镜头拍摄的全景视频画面

中景：兼顾人物表情与动作

中景镜头和全景镜头相比，包容景物的范围有所缩小，环境处于次要地位，重点在于表现人物的上身动作。中景画面的下边框一般卡在人物的膝盖上下或场景局部，不但可以充分展现人物的面部表情、发型发色和视线方向，同时还可以兼顾人物的手部动作。

拍摄中景画面要注意避免构图单一死板，人物中景要掌握分寸，不能正好卡在腿的关节部位，具体可根据内容、构图灵活运用。

使用手机镜头拍摄的中景视频画面

近景：重点表现人物情绪及五官

近景镜头的视觉范围较小，拍摄距离相对更近，常用长焦镜头拍摄。近景画面的下边框一般拍到人物胸部以上或物体的局部，重点用来刻画人物的面部表情或表现人物的细微动作，对于所处环境的交代则基本可以忽略。因此，拍摄近景镜头时，环境要退于次要地位，画面构图应尽量简炼，避免让杂乱的背景抢夺观众的视线。

使用手机长焦镜头拍摄的近景视频画面

特写：描写人物局部细节

特写镜头中被摄对象充满画面，比近景更加接近观众，常用长焦镜头拍摄。特写画面的下边框一般在成人肩部以上的头像或某一局部，能够清晰展现人物脸部的细节特征和情绪变化，着重表现人物的眼睛、嘴巴和下巴等细节之处，捕捉神态的细微动作，如微笑、痛哭、眉头微皱和惊诧等，从而渲染出短视频的情感氛围，更好地推动剧情发展。正因为特写镜头具有如此强烈的视觉感受，因此不能滥用，要用得恰到好处，用得精准，这样才能起到画龙点睛的作用；滥用会使人厌烦，反而会削弱它的表现力。

眼睛的特写

使用手机长焦镜头拍摄的面部表情特写

不同景别的画面在人的生理和心理情感中都会产生不同的投影，不同的感受。

镜头和被摄对象之间的距离越远，我们观看时就越冷静。也就是说，我们在空间上隔得越远，在情感上参与的程度就越小，这是一个有趣的现象。远景镜头可以拍下很大的范围，但同时会使我们看不清楚细节，从而使形象抽象化，使观众只能了解较少的信息。

镜头和被摄对象之间的距离越近，越能使我们在感情上更加接近人物。这是因为近景镜头并没有拍摄和主体无关的画面元素，因此对视觉观察力的要求就非常简单，让人一下子就能分辨出主体，并且将注意力全部集中在主体上，使观看者可以在感情上做出反映。

综上所述，景别的选择应当和短视频的实际内容相结合，服从每个镜头的艺术表现需求。要努力把风格和内容结合起来，使每个镜头都能够和谐统一，让整个短视频的叙述更加完整。

5.2
常见的构图方式

构图是指把画面中的人、景、物安排到合理的位置，保证画面的稳定性和平衡性，形成一个具有特定结构的画面。它综合了多种技巧，将拍摄的物体按照一定的规律结合在一起，表达拍摄者的认知。结合不同的场景和不同的拍摄条件，构图方式有很多种，甚至可以进行多种构图的组合。优秀的构图具有均衡、和谐的视觉美感。

学习短视频拍摄必须要掌握一定的构图技巧，在对焦和曝光都正确的情况下，好的构图往往会让一段短视频作品脱颖而出，增强作品的视觉吸引力，成功引起观众的关注。

黄金分割构图

黄金分割构图是以1:0.618的黄金比例为基本理论的构图方式，能够呈现出完美的画面比例。采用黄金分割线构图拍摄的视频画面，更加自然舒适、赏心悦目。

打开相机的九宫格参考线，四个线条的交叉点就近似黄金比例点，即画面的视觉中心。拍摄视频时，可以将要表达的主体放在黄金比例点上，引导观看者的视线落至主体上。

利用相机九宫格参考线拍摄的黄金分割构图视频画面

水平线构图

水平线构图就是以一条水平线来进行构图取景，把画面一分为二，能够给人带来辽阔和平静的视觉感受。因此水平线构图更适合拍摄宽阔宏大的场景，比如沙漠、海面、草原等。

水平线构图的方式看似简单，但是对拍摄者的审美能力却有着比较高的要求。在短视频拍摄的过程中，需要花费较多的时间去寻找好的着眼点，这样才不至于让画面显得过于平淡。

以水平线作为天空和海面的分割线进行取景，虽然画面看起来很干净，也达到了绝对的平衡，但也会显得单调、乏味

同样是水平线构图，以前景中的礁石作为视觉突出点，能够更好地表现大海的磅礴气势

三分线构图

　　三分线构图是指将画面均分为三个部分（可以是横向的，也可以是纵向的），拍摄时将被摄主体放置在画面的横向或纵向1/3处，可以让主体更加突出，让画面更加美观。

　　采用三分线构图拍摄出来的视频画面不仅能够突出主体，还能使画面紧凑有力，不至于枯燥乏味，并且具有一定的空间感，让画面更加协调。

三分线构图拍摄的视频画面

引导线构图

引导线构图主要是利用画面中的线条来展现物体的运动变化和透视规律，能够让画面更具活力和节奏感。同时，引导线构图的不稳定性又可以使画面富有新意，给观众带来独特的视觉感受。

用引导线构图拍摄短视频主要有两种方法：一是利用拍摄主体本身具有的线条为引导进行拍摄；二是利用周围环境的线条为引导进行拍摄。

通过台阶的线条来引导观看者的视线，使观看者的视觉焦点落在台阶的最顶端和海平面上。同时分割了主体与背景，让视频画面更具层次感

通过纵向的树干线条引导观看者的视线，让观看者的视觉焦点先是落在人物身上，最后会落在远处的迷雾当中，引人深思

对称构图

　　对称构图是指以画面正中垂线或正中水平线为对称轴，被摄主体呈现左右对称、上下对称或斜向对称。对称构图的画面布局平衡，结构规矩，能够给人一种稳定、和谐的视觉感受。对称构图经常被运用在主体本身是左右、上下或斜向对称的情况下。

　　在拍摄对称构图的视频画面时，要做到横平竖直，镜头尽量不要倾斜，否则画面会产生一定的透视和变形，很难达到完全对称的效果。

　　以古建筑大门的正中垂线为对称轴，画面左右两侧的建筑和树木等元素对称排列。

左右对称构图拍摄的建筑物

以地面与水面的水平交界线为对称轴，水面清晰地反射了群山的倒影，形成上下对称构图，使视频画面的布局更为平衡。

上下对称构图拍摄的水面倒影

框架构图

所谓框架构图，即借助某个框架将主体框起来，框架作为陪体存在。框架构图主要是通过门窗等作为前景，形成框架。通过框架的范围引导，使观众的视线落在被摄主体上，起到突出主体的作用。同时还能遮挡不必要的元素，形成不一样的画面效果。视频画面的层次感也会得到增强，让画面不那么单调。在拍摄人文题材、街头题材的短视频时，善用前景会给画面增添某种特定的氛围，让画面看起来更有故事性。

在生活中要善于去发现框架，并将其利用起来，比如门窗、镜框、洞口、树枝、铁网等都可以作为天然的取景框架，甚至连阴影也可以作为框架。除了现成的框架以外，还可以人为制造框架，比如用手比心形，框住眼前的景物等。

以门框作为框架取景构图，将观看者的视线引导至画面中心，突出主体人物

用手比心形作为框架，框住眼前的景物

中心构图

　　中心构图可以说是最简单的构图方法，只需将被摄主体放置在视频画面的中心位置即可。中心构图的最大优势在于主体突出，可以达到非常平衡的画面效果，更容易抓人眼球。

将教堂放在画面中央，观看者的视线会自然而然地集中到主体上，让你想表达的内容一目了然

透视构图

　　透视构图是利用画面中的线条形成由近及远的延伸感。这些透视线条能够引导观看者的视线，其作用和引导线构图有异曲同工之妙。

　　在短视频的拍摄中，透视构图能够汇聚观看者的视线，使视频画面更具动感或深远意味。想要拍摄到透视构图的视频画面，首先要找到有透视特征的事物，例如一条由近到远的公路，或者摩天大楼的侧边线条等都是很好的选择。

横向透视构图的视频画面。利用公路进行构图，线条的纵向延伸可加深画面深远的透视效果。观众的视线会沿着公路向远方无限延伸，引发观看者的想象

竖向透视构图的视频画面。利用摩天大楼的侧边线条来进行构图，观看者的视线会沿着这些线条向上延伸

5.3
常见的用光方式

光线充足与否决定着短视频画面的清晰度。如果光线不足，那么我们拍摄的短视频画面就会曝光不足，因此光线对于短视频的拍摄来说尤为重要。

光线分为自然光和人造光。最常见的自然光可以分为顺光、侧光、逆光和侧逆光。本节将分别介绍这四种光线下的拍摄技巧，帮助大家用光影来突出短视频的层次与空间感。

顺光

顺光也叫正面光，指的是投射方向和拍摄方向相同的光线。在顺光环境下拍摄时，被摄主体的阴影被主体本身挡住，画面的影调柔和。

采用顺光拍摄短视频，能够让主体呈现出自身的细节和色彩，使画面更具吸引力。

顺光拍摄的短视频画面，展现了主体丰富的细节和色彩

侧光

　　侧光是指光源从被摄主体的左侧或右侧直射过来的光线，被摄主体受光源照射的一面非常明亮，而另一面则比较暗，画面的明暗层次感非常分明。

侧光拍摄的短视频画面，展现了景物的立体感

逆光

　　逆光是指拍摄方向与光源照射方向刚好相反，也就是将镜头对着光源拍摄，可以产生明显的剪影效果，从而呈现出被摄对象的线条轮廓。如果用逆光拍摄树叶或者花草，还会使主体呈现出晶莹剔透之感。早晨太阳升起之后和傍晚太阳落山之前的一个小时左右，拍摄逆光剪影效果是最好的。

逆光拍出向日葵花瓣的晶莹剔透

逆光拍出剪影效果

侧逆光

在侧逆光环境下拍摄的短视频画面，画面的明暗对比非常强烈，可以起到很好的烘托作用，增强画面的氛围感。侧逆光也可以用来拍摄人物剪影，光线会在人物的周围产生轮廓光，勾勒出人物的轮廓。

侧逆光拍摄的短视频画面，展现了环境的氛围感

5.4
运动镜头与综合镜头

短视频的运镜方式主要包括推镜头、拉镜头、摇镜头、移镜头、跟镜头、升降镜头和综合运动镜头等。无论使用何种运镜方法，都应力求画面平稳、保持画面的水平。

推镜头：营造不同画面氛围与节奏

推镜头可以通过向前运镜（镜头向被摄主体方向推进）的方法来实现，也可以通过手动变焦（缓慢放大镜头焦距）的方法来实现。但是手机的变焦是数码变焦，放大后画质会有所下降，如果使用手机拍摄，更推荐采用向前运镜的方法来拍摄推镜头。

向前运镜的动作要领：放低身体重心，弓步后仰，留足向前的距离，手部固定不动，使用腰部发力向前推进，把自己当作一个人肉云台，这样拍出来的画面就会更加稳定。

推镜头的画面特点

（1）能够形成视觉前移效果。

（2）使被摄主体由小变大，周围环境由大变小。

推镜头的作用

（1）或突出主体人物和重点形象，或突出重要细节。

（2）或介绍整体与局部的关系，或介绍客观环境与主体人物的关系。

（3）推进速度的快慢能够影响和调整画面节奏，从而影响观看者的情绪。

（4）通过突出重要元素来表达特定的主题。

（5）加强或减弱运动主体的动感。

推镜头的拍摄要点

（1）在推进的过程中，应始终注意画面构图。

（2）推镜头的推进速度要与视频画面所表达的情绪和节奏相一致。

（3）画面焦点要随着机位与被摄主体之间距离的变化而变化。

推镜头画面1　　　　　　　　推镜头画面2　　　　　　　　推镜头画面3

　　短视频创业一本就够　策划 拍摄 剪辑 运营 直播

拉镜头：让观看者洞悉全局

拉镜头和推镜头动作相反，既可以通过向后运镜（镜头逐渐远离被摄主体）的方法来实现，也可以通过手动变焦（缓慢缩小镜头焦距）的方法来实现。

拉镜头的画面特点

（1）能够形成视觉后移效果。

（2）使被摄主体由大变小，周围环境由小变大。

拉镜头的作用

（1）有利于表现主体和主体与所处环境的关系。

（2）拉镜头的空间变化可以使视频画面形成对比、反衬或比喻等效果。

（3）一些拉镜头以不易推测出整体形象的局部为起幅，有利于调动观众对整体形象的想象和猜测。

（4）利用拉镜头来作为转场镜头。

（5）拉镜头常被用于拍摄片尾镜头，象征视频的结束。

拉镜头的拍摄要点

（1）在拉远的过程中，应始终注意画面构图。

（2）保证视频画面和表现空间的完整性及连贯性。

拉镜头通常可以拍摄一些人物与环境关系的画面。比如，可以找到一些合适的空境，让被摄对象站在镜头前面，先固定拍摄空境，再向后拉镜头运镜，这样拍出来的画面内容更为丰富。通过这种拍摄手法可进一步渲染画面氛围，适合拍摄旅途中的人物与环境。

拉镜头画面1

拉镜头画面2

拉镜头画面3

摇镜头：替代观者视线

摇镜头是指机位保持不动，借助三角架上的云台或拍摄者自身的移动拍摄的视频画面。摇镜头通常用于空间的转换或被摄主体的变换，引导和转移观看者的注意力及兴趣点。手机足够轻便，我们可以随意转变镜头方向，让画面的兴趣点快速切换，更好地交代场景和人物的关系。

结合摇镜头的快速转动可以变成甩镜头，通过这种镜头的甩动，可以制作出无缝转场的效果。

摇镜头的画面特点

（1）模拟人物身体保持不动，视线由一点移向另一点的视觉效果。

（2）一个完整的摇镜头包括起幅、摇动、落幅三个贯连的部分。

（3）从起幅到落幅的运动过程能够迫使观看者不断调整自己的视觉注意力。

摇镜头的作用

（1）展示空间，扩大视野。

（2）有利于通过小景别画面包容更多的视觉信息。

（3）能够介绍、交待同一场景中两个主体的内在联系。

（4）利用性质相反或相近的两个主体，通过摇镜头把它们串联接起来，表示某种暗喻、对比、并列、因果关系。

（5）在表现多个主体时，通过摇镜头的减速或停顿重点突出某个主体。

（6）在一个稳定的起幅画面后，利用极快的摇摄速度使画面中的形象全部虚化，形成具有特殊表现力的甩镜头。

（7）便于表现运动主体的动态、动势、运动方向和运动轨迹。

（8）利用摇镜头制造意外之象，让短视频的发展方向留有悬念。

（9）利用非水平的倾斜摇、旋转摇表现特定的情绪和气氛。

（10）利用摇镜头来作为转场镜头。

摇镜头的拍摄要点

（1）摇镜头必须有明确的目的性。

（2）注意摇摄速度的不同能够给观看者带来什么样的视觉变化。

（3）保证摇动过程的完整性与和谐性。

摇镜头画面1　　　　　　　　摇镜头画面2　　　　　　　　摇镜头画面3

移镜头：符合人眼视觉习惯的视角

移镜头是指左右平移镜头。在实际拍摄时，尽量利用广角摄像头进行拍摄，因为镜头视角越广，移镜头的特点体现得越明显，视频画面越容易保持稳定。

移镜头可以表现出一种移动感，使观看者产生一种置身于其中的感觉，增强画面的感染力。移镜头的拍摄方法跟推镜头相同，同样是使用腰部发力，向左或向右平移镜头。

移镜头的画面特点

（1）镜头的移动使得画面框架始终处于运动之中，画面内的物体不论是处于运动状态还是静止状态，都会呈现出位置不断移动的态势。

（2）镜头的移动直接调动了观众的视觉感受，唤起了人们在各种交通工具上以及行走时的视觉体验，使观众产生一种身临其境之感。

（3）移镜头表现的画面空间是完整而连贯的，镜头不停地移动，每时每刻都在改变观看者的视点，在一个镜头中构成多景别、多构图的视觉效果，起到了一种与蒙太奇相似的作用，最后使镜头有了自身的节奏感。

移镜头的作用

（1）通过镜头的移动创造出独特的视觉效果。

（2）移镜头在表现大场面、多景物、多层次的复杂场景时具有气势恢宏的造型效果。

（3）通过带有强烈主观色彩的镜头表现出更为自然生动的真实感和现场感。

（4）摆脱定点拍摄，形成多样化的视点，可以表现出各种运动条件下的视觉效果。

移镜头的拍摄要点

（1）长距离的移镜头拍摄要平稳运镜，观看者的视觉感受不能过于"颠簸"。

（2）保证画面的清晰度，不能因为移动镜头而使画面模糊不清。

移镜头画面1

移镜头画面2

移镜头画面3

跟镜头：增强现场感

跟镜头与移镜头较为类似，只是在移动方向上更为灵活，拍摄时可以始终跟随主体前进，让主体一直处于视频画面中。跟镜头适合拍摄采访类、纪录片等题材的短视频。

跟镜头的画面特点

（1）画面始终跟随一个运动的主体。

（2）被摄对象在画框中的位置相对稳定。

（3）能够产生强烈的空间穿越感。

跟镜头的作用

（1）跟镜头能够连续而详尽地表现运动中的被摄主体。

（2）有利于通过人物引出环境。

（3）由于观看者与拍摄者的视角统一，因此可以表现出镜头的主观性。

（4）对人物、事件、场面跟随记录的表现方式，有重要的纪实性意义。

跟镜头的拍摄要点

（1）镜头与运动主体之间的距离始终保持一致。

（2）重点拍摄人物的面部表情和肢体动作的变化。

（3）跟镜头拍摄时应考虑焦点的变化、拍摄角度的变化，以及光线的变化。

（4）跟随的路径既可以是直线，也可以是曲线，具体根据实际拍摄场景而定。

跟镜头画面1　　　　　　　　　跟镜头画面2　　　　　　　　　跟镜头画面3

升降镜头：营造戏剧性效果

前文中提到过，移镜头是左右平移镜头。除了左右平移镜头，还可以上下平移镜头，这种上下平移镜头的方式就是升降镜头。

在拍摄的时候举高镜头，手臂固定不动，通过身体下蹲来完成下降运镜，反之则是上升运镜。

升降镜头的画面特点

（1）升降运镜能够带来画面视域的扩展和收缩。

（2）升降镜头视点的连续变化形成了多角度、多方位的多构图效果。

升降镜头的作用

（1）升降镜头有利于表现高大物体的各个局部。

（2）升降镜头有利于表现纵深空间中的点面关系。

（3）升降镜头常用以展示事件或场面的规模、气势和氛围。

（4）利用镜头的升降可以实现一个镜头内的内容转换与调度。

（5）升降镜头的升降运动可以表现出画面内容中感情状态的变化。

升降镜头的拍摄要点

（1）拍摄时要注意平稳运镜。

（2）拍摄时可以切换不同的角度和方位来移动镜头，如垂直上下移动、上下斜向移动、上下弧线移动、上下不规则移动等。

（3）在画面中可以纳入一些前景元素，体现空间的纵深感。

升镜头画面1

升镜头画面2

升镜头画面3

降镜头画面1

降镜头画面2

降镜头画面3

综合运动镜头：专业电影级运镜

综合运动镜头是指在一个镜头中把推、拉、摇、移、跟、升降等各种运镜方式结合在一起的拍摄。

综合运动镜头的画面特点

（1）综合运动镜头能够产生复杂多变的画面效果。

（2）由综合运动镜头的方式拍摄的短视频画面，其运动轨迹是多方向、多方式运动合成后的结果。

综合运动镜头的作用

（1）有利于在一个镜头中记录和表现同一个场景中的不同景别，完整地叙述故事情节。

（2）综合运动镜头是形成短视频画面形式美的有效手段，通过多元化的运镜方式，能够极大程度提升短视频的精美程度。

（3）综合运动镜头的连续动态有利于再现现实生活的流程。

（4）在较长的连续画面中，综合运动镜头带来的画面变化可以与背景音乐的旋律变化相互"合拍"，形成和谐的短视频节奏。

综合运动镜头的拍摄要点

（1）除了要表达特殊情绪或对画面有特殊要求，镜头的运动应力求平稳。

（2）运镜的转换应与人物的动作方向一致，也应与情绪的发展转换一致。

（3）运镜时要注意焦点的变化，始终让主体处在景深范围之内。

5.5

清理镜头，保持干净

大多数镜头很容易沾染灰尘或污垢，甚至会由于磕碰产生不必要的划痕。以上这些情况的发生不仅会使镜头的成像质量大大降低，而且污垢还会腐蚀镜头，让拍摄出来的短视频画面出现瑕疵。因此，定期对镜头进行清洁，可以有效降低镜头的损毁，提升拍摄质量，让拍摄出来的视频画面更加清晰。

擦拭镜头时，建议使用干净的眼镜布或软纸巾等柔软的材料，避免让镜头增添划痕。当然，你也可以使用更加专业的清洁工具或擦镜纸来进行擦拭。

眼镜布

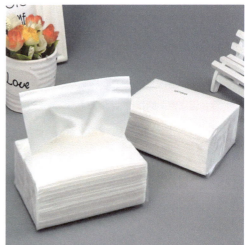

柔软的纸巾

市面上常见的两种擦镜纸

5.6
拍摄时要注意控制呼吸

呼吸会引起胸腔的起伏，在一定程度上能带动上肢的抖动，引起镜头的晃动，从而影响短视频画面的稳定性和清晰度。通常来说，呼吸声越大，双臂的抖动幅度也会越大。同时镜头的晃动就越厉害，短视频的画面质量就越低。如果能够很好地控制呼吸，可以在一定程度上增加短视频拍摄的稳定性，从而增强短视频画面的清晰度。

要想保持均匀的呼吸，切记在拍摄之前不要做剧烈运动，多做几次深呼吸，尽量让呼吸均匀、轻缓；或者等呼吸平稳之后再开始拍摄。此外，在短视频的拍摄过程中，除了要控制呼吸，还要尽力保证身体的稳定，动作幅度一定要轻缓。如果你的拍摄设备有防抖功能，也可以将防抖功能开启，这样可以大大增加短视频画面的稳定性。

第六章
•••••

短视频分镜头、
场景与道具设计

本章主要讲解短视频拍摄中会用到的分镜头、场景选择以及服装、人物造型、道具的使用，涵盖短视频实际创作中所需的多个实用的知识点。

6.1
分镜头设计

分镜头一般是指分镜头脚本。分镜头脚本的设计是创作影片必不可少的前期准备，其作用就好比精心设计的图纸，是创作人员领会创作意图、演员理解剧本内容、摄影师进行拍摄、剪辑师进行后期制作的基础和依据。

接下来我们讲解分镜头的内容以及分镜头的设计。

分镜头的内容

短视频的拍摄不像电影那样要求严格，所以分镜头的脚本格式会简略一些。比如简单列出要拍的镜头中出现哪些人、物、景等内容，要怎么去做动作、布置场景、准备道具，这个镜头需要怎样的拍摄方法，大概需要多长时间的镜头时长，并和后面的分镜头做衔接等细节。分镜头是短视频创作者思路和能力的体现，在拍摄之前，就要详细列出该视频需要的镜头，并按照上面的内容列举注释，这样短视频的观感会变得更好，在需要调整短视频内容的时候也可以有针对性地进行修改，并有记录可查。

风景宣传片　分镜头脚本						
						地点：xxx旅游景区
					影片时长：2分钟　工作人数：x人	
分镜头编号	画面内容	拍摄方法	镜头时长	景别	音乐	备注
01						
02						
03						
04						
05						
06						

短视频分镜头脚本

分镜头的设计

分镜头的设计包括规划整体思路、为分镜头编号、确定镜头景别、确定镜头时长、明确拍摄方式和字幕和旁白等方面的设计。

规划整理思路

先确定整个短视频的时长，列出总的镜头数。然后确定开头和结尾的方式，内容需要以几部分展现，节奏点的分布，从头到尾按顺序梳理好。最后对总体节奏进行判断，看看安排是否合理，将不合理的内容进行初步调整。

为分镜头编号

按顺序给每个分镜头进行编号，按分镜头编号的排序安排场景的切换和人物的出场顺序。

确定镜头景别

景别的选择对于分镜头效果的展现有重要的影响。在相同环境背景和人物造型下，不同的景别会呈现出不同的情绪和内容表现，对短视频整体的风格有着很大的影响。

确定镜头时长

在规划整体思路时，要对整个短视频的时长进行一个初步规划，这一步就是将每个分镜头的时间进行细化，重点镜头多给时间进行展现，非重点镜头则应简短。这里需注意的一个点是，在后期加入配音的情况下，还需要考虑分镜头衔接处的音乐是否卡点，是否能在节奏点上。

明确镜头拍摄方式

明确每个镜头的运镜方式和镜头间的转换方式，镜头的拍摄方式和景别的作用相似，都会对短视频整体风格思路起到重要的引导展示作用。镜头的选取也有讲究，使用的方式尽量保持相似，过多的镜头方式频繁切换会适得其反。

设计字幕和旁白

短视频制作中的一个小技巧，就是巧妙使用字幕和旁白，会加深观看者对短视频的印象和理解，更好地跟上短视频的思路。

6.2

拍摄场景选择

本节将结合实战案例，对短视频拍摄中场的选择进行了详细的分析、讲解。场景是对视频画面中场地类型和环境背景的简称，它对描述叙事环境、故事剧情的发展及人物的塑造方面具有重要的作用，是一个不可或缺的环节。大到电影、电视剧，小到微电影、短视频，都要求有合适场景的支持。

主题与场景适配

选择短视频场景时，要注意场景与短视频内容的契合度，根据要表现的主题选择合适的场景。

例如，网络授课类的短视频一般会选择在室内较为安静的场景下进行拍摄，并搭配对应的字幕进行内容引导，如果这类短视频题材的场景放在室外空旷的环境中进行拍摄，则会显得环境和整体主题毫不搭边。而情感类短视频则不局限于在室内拍摄，在户外也能取得不错的效果。

在拍摄旅游宣传、美食探店类的短视频时，则需要在选取对应主题场景的基础上，选择较为安静的场合进行拍摄，背景也要选择简洁的环境，避免出现人来人往干扰镜头、环境声音过于嘈杂的问题。以免对画面造成负面影响。

随着短视频的迅速发展，对短视频内容和场景的需求也变得更加多样化和专业化，从最初简单粗略地制作逐渐演变为一门艺术。

为了顺应短视频创作的发展趋势，场景的选择变得越来越重要。合适的场景能够对短视频主题起到很好的烘托作用，能够让观看者在观看视频作品时更加投入，这对于短视频作品本身来说，也可达到事半功倍的效果。

网络授课类短视频场景

情感类短视频场景

旅游宣传类短视频场景

美食探店类短视频场景

寻找优质场景

短视频的场景选择不理想，容易导致视频内容与镜头画风有违和感。从主观上来说，创作者可能没有意识到场景对画面品质和主题所产生的巨大影响；从客观上来讲，部分场景需要投入成本或产生费用，比如选择旅游景点、网红店铺、民宿酒店、豪华游艇等场景拍摄，或多或少都会产生一定的费用。在此种情况下，我们就需要寻找低成本、高品质的场景。

资源置换

在许多影视作品中，我们能看到演员经常出入一些店铺、餐厅、咖啡馆等场景，这里便是使用的资源置换方法，这种方式在专业电影拍摄中比较多见。这种方法既可降低场景成本投入，还能将故事情节融入环境氛围中。

例如，今天要拍摄的是一个浪漫的约会场景，就可以寻找西餐厅、电影院、游乐场等偏向浪漫氛围的场景。如果选择的场景是西餐厅，那么将整个餐厅租下来拍摄的费用会非常高，而且会失去其他用餐者作为背景衬托，视频画面就会显得比较空洞。此时你可以和餐厅老板取得联系，表明拍摄意图和需求，同时提出可以给场地做广告宣传、流量引入、餐品植入介绍等方式，争取到老板的同意。将各自的优势进行互换达到共赢，这是就是资源置换方法。

短视频的拍摄没有电影或电视剧的要求那么高，将自己需要的分镜头通过几分钟或几十分钟的时间拍摄完成即可。场地要求也较低，并不需要将整个餐厅环境纳入镜头画面中，而是只需要在某一个角落取景即可。

餐厅场景　　　　　　　　　　　　　咖啡馆场景

公共场景

　　这里的公共场景涵盖面较广，既有广场、公园、夜市等室外公共场景，也有商场、地铁站等室内公共场景。这种场景的特点是无需额外支付费用即可使用拍摄，可根据视频实际需要的场景来进行选择。在拍摄时需要注意不影响其他人的正常生活，在需要街头采访或是邀请路人入镜时也应先征得他人同意。

公园场景　　　　　　　　　　　　商场场景

租赁场景

　　部分短视频在拍摄时会遇到以上两种方式均不适用的情况，如广告类、测评类、变装类短视频。此时可考虑寻找价格较低的影棚进行拍摄。

　　对于入门者来说，即使现在没有拍摄需求，也要做到提前积累相关资源，在遇到相关需求时做到临危不乱，提高拍摄效率。部分影棚还兼顾车辆租赁、服装道具租赁、摄影器材租赁等业务，几乎可以满足你拍摄短视频的所有需求。

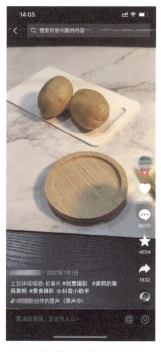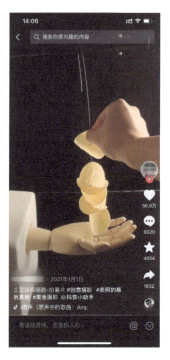

在影棚内拍摄广告类短视频

6.3
服装和道具的选择

服装与人物造型

　　服装与人物造型的选择和场景的选择同样重要，都能对视频内容的表达产生较大的影响。如何更好地选择服装与造型，也是短视频创作者必须掌握的内容。下面我们根据几个热门短视频类别的实际案例，具体分析服装和人物造型应该如何搭配。

　　在短视频中，人物的服装要求往往没有影视作品里要求的那样专业，个人的衣服穿搭就可以满足基本的拍摄要求。比如在拍都市题材的短视频中，取景可以只选择人物的上半身，这样对服装搭配的要求就会变小，只需要搭配好合适的上身着装即可。

例如，拍摄商务类视频时，选择衬衣、西装、polo衫等服装就很合适，反之短袖、T恤、背心等衣服则不搭边（搞笑类刻意突出反差效果除外）。如果视频题材中需要定制衣服，比如凸显某个动漫形象或搞怪题材的，则可以根据场景和剧情需要定制服装，如果此类题材在网上较少，且内容新颖有趣，也是一种让短视频爆火的好方法。

商务类造型

特色类造型

道具的选择

道具来自生活，根据道具的属性不同，分为实用性、装饰性、消耗性等类别。道具是短视频拍摄不可缺少的一部分，对故事情节有着推动作用。镜头中可以通过道具来反映故事发生的背景、年代、环境、人物状态等。

在短视频拍摄中尽量选择真实的物品作为道具使用。根据用途，道具可分为陈设道具、气氛道具、戏用道具等。其中，陈设道具用来增加场景中的画面内容；气氛道具用来衬托画面气氛；戏用道具是会与演员表演发生直接关系的。购买道具时，尽量选择免费或便宜的、使用频率高的或是可以借用的，这样可以节约长期拍摄成本。

车辆道具

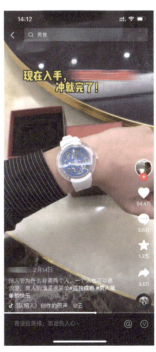

手表道具

第七章
◆ ◆ ◆ ◆ ◆

剪映的快捷功能

　　本章我们来学习一下简单的视频处理。直接运用剪映的模板来制作一个短视频。剪映提供了一些快捷功能来帮助我们剪辑和处理视频。下面我们来详细了解下剪映提供的这些功能。

7.1

一键成片

一键成片可以说是懒人神器，我们可以直接把想要制作成视频的素材选中，利用一键成片功能生成最终的成品。下面简要介绍下如何操作。

首先我们需要单击首页的一键成片按钮。

然后在弹出的素材选择界面中选择素材。单击素材右上角的小圆圈，就可以选中我们要生成视频的素材。因为涉及素材之间的画面过渡以及视频的效果，我们最好选择3段或者更多素材，这样生成的视频才可以达到更好的效果。

素材的顺序是按照我们选择的顺序来排序的，小圆圈内的数字表示素材拼接的顺序，我们可以根据需要来依次选择要拼接的视频。

单击一键成片功能

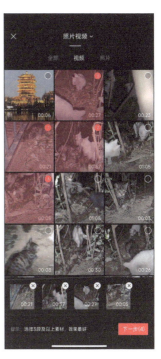

选择素材

如果我们取消勾选了中间的素材，后面素材的序号会自动向前调整。确定了素材和它们的顺序之后，我们单击界面右下角的"下一步"按钮。

此时剪映会开始进行素材的处理，经过一段时间后，我们的视频就处理好了。这个时候我们就可以直接将处理好的视频导出。如果我们对APP选择的模板不满意，也可以在视频下方根据自己的喜好选择对应的模板。

选中模板后，模板上会出现红框，并且红框中会出现"单击编辑"字样。这时单击红框还可以对最终效果进行简单的编辑。

选择模板

单击红框后出现的界面

此时我们可以长按图标，然后拖动调整视频素材的顺序。或者再次单击红框内的"单击编辑"图标，调整选中的视频素材的内容。

在这个界面可以对视频进行替换、裁剪，调整音量和美颜以及更复杂的操作。调整完成后，我们就可以导出视频。

单击屏幕右上角的"导出"图标，我们可以对导出的选项进行调整。

单击编辑

单击"1080p"

此时我们单击"1080p"，设置视频导出的分辨率。

我们可以拖动上方滑块选择视频的分辨率。界面下方会显示文件的大小。分辨率越高，视频越清晰，相应的文件体积就越大。我们可以根据自己的喜好来选择分辨率。选择完成后单击"完成"即可。

设置完分辨率后，我们可以直接单击左侧的保存图标将其保存到手机上。或者单击"无水印保存并分享"，将其发布到自己的抖音账号里面。

设置分辨率

保存无水印视频

7.2

图文成片

想做短视频却只有文案，找不到合适的素材。这个时候我们可以使用剪映的图文成片功能。

单击屏幕上方的"图文成片"图标。

接下来在弹出的界面中输入文案。我们可以手动输入，或者直接将编辑好的文字粘贴进去。

单击"图文成片"

输入文案

如果我们在今日头条APP内发现比较好的文章，就可以在今日头条APP内复制文章的链接。此时可以直接单击文字输入框下方的"粘贴链接"按钮。

在弹出的对话框中粘贴我们在今日头条APP内复制的链接，然后单击"获取文字内容"图标。

此时剪映APP会自动获取链接中的文字内容。以代替我们手动输入内容。

我们接下来以朱自清的文章《春》中的一段文字来演示一下图文成片的功能。输入完文字后，我们单击下方的"生成视频"按钮。

粘贴链接

单击"获取文字内容"

单击"生成视频"按钮

等待一段时间后，剪映APP就会为我们生成一段带文字解说的短视频。

此时单击右上角的"导出"图标，就可以将生成的视频导出了。生成的图文草稿会保存在剪映APP的本地草稿中，方便我们日后进行进一步的剪辑。系统自动生成的视频一般质量不会很高，如果我们需要更高质量的视频，还需要自己准备合适的素材进行剪辑。

生成的视频预览

7.3
拍摄

剪映的拍摄功能对应手机自带的相机APP功能。不过剪映提供的功能更加丰富和强大。

我们单击上方区域的"拍摄"按钮，即可打开拍摄模式。

单击拍摄按钮

进入拍摄后的主界面，为了突出功能按钮，我们特地遮住了手机镜头，所以画面是黑的。

快捷工具排布在屏幕右上角和下方，下面我们逐一介绍。首先介绍下右上角的4个图标。

1. 拍摄选项

如果我们需要延时拍摄或者改变拍摄视频的参数，我们可以单击"拍摄选项"按钮，会出现如右下图所示的界面。

拍摄主界面   右上角的快捷工具   拍摄选项

第一个是"倒计时"选项。我们单击该按钮，可以在倒计时3秒后拍摄、倒计时7秒后拍摄和取消倒计时3个选项间进行切换。如果选择了倒计时，会在我们单击下面的拍摄按钮后启动，待倒计时结束后开始拍摄。

单击第二个选项可以设置拍摄视频的宽高比。我们可以根据自己的需要来选择。系统提供了9:16、16:9、1:1、3:4、4:3、7.35:1六个选项。

单击第三个选项可以选择在拍摄视频时强制开启或关闭闪光灯。

单击第四个选项可以更改拍摄视频的分辨率，目前支持1080p和720p切换。根据手机的不同，剪映提供不同的选项。

2. 摄像头切换

切换手机的前置摄像头和后置摄像头。单击图标可以在前置摄像头和后置摄像头之间切换。

3. 美颜功能

剪映的拍摄还提供了美颜功能。单击美颜图标，屏幕下方会出现磨皮、瘦脸、大眼、瘦鼻四个选项。每一个都可以根据自己的需要进行调节。调节完成后，单击右下角的对号即可应用。

磨皮等选项

4. 拍摄模板

剪映APP还提供了拍摄模板，供我们在拍摄视频时参考。单击图标会出现拍摄模板选择界面。

里面提供了非常多热门的拍摄模板。我们选好模板后，单击下面的"拍同款"按钮，就可以跟着模板进行拍摄了。这时候模板视频会缩小并在右上角播放，可以说是剪映非常贴心的一个功能了。

模板选择界面

模板视频缩小后在右上角播放

需要注意的是，我们需要拍摄和模板时间相同的素材才可以进行保存和下一步的编辑。拍摄期间，可以暂停，当拍摄时长足够时，剪映会自动保存拍摄的素材。我们还可以单击屏幕左下方的笑脸图标来添加各种小道具。单击笑脸图标后，屏幕下方会出现选择界面。

这些小道具被分成了热门、节日、头饰、玩法四个类别。基本都是针对面部的特效。如果拍摄人物相关的素材时，可以考虑使用这个道具按钮。

另外屏幕下方还提供了"灵感"和"效果"两个功能按钮。

可供选择的笑脸

"灵感"和"效果"选项

5. 灵感按钮

"灵感"按钮和拍摄模板功能类似，不过要比拍摄模板简单些。单击"灵感"按钮后，屏幕下方会出现灵感选择界面。

剪映也贴心地对灵感素材做了美食、日常碎片、海边、情侣等分类。选中素材后，灵感素材会在屏幕左上角播放。

灵感选择界面

屏幕显示的灵感素材

我们此时就可以边看素材边进行拍摄。如果觉得素材的窗口比较小，还可以单击素材播放窗口右下角的箭头图标来使窗口变大。也可以单击播放窗口左侧的扬声器图标来决定是否播放素材的声音。

6. 效果按钮

"效果"按钮在"灵感"按钮的左侧，我们单击此按钮后，屏幕下方会出现效果的选项。

"拍摄模板"和"灵感"是提供示例素材来指导我们拍摄。"效果"则是让我们根据自己的需要来对拍摄的画面进行处理，这样可以更好地实现我们拍摄的效果或者突出我们要拍摄的对象。我们可以在热门、美食、复古、日常、黑白等分类中选择自己想要的效果，将其运用到我们要拍摄的视频中。

不同的效果显示

拍摄功能一般用来做即兴创作，适合拍摄一些简单的小视频。进一步处理视频的技巧，我们会在后面的章节进行详细介绍。

7.4

创作脚本

当我们拍摄一个时长稍微长一些的视频时，为了达到更好的效果，就需要对整个视频的拍摄进行一个构思。

如果不是专业的视频创作者，可能会觉得构思是一件比较困难的事情，剪映APP提供了一个创作脚本的功能。我们只需要确定自己要拍摄的主题，

单击"创作脚本"

就可以在这里面看看有没有可以参考的脚本。如果可以找到适合的脚本，就大大减少了我们的工作量，只需要跟着脚本的要求来拍摄就可以了。

首先，我们单击剪映APP界面上方的"创作脚本"图标。

单击"创作脚本"图标后,会出现脚本选择界面。

剪映提供了丰富的脚本,并将它们分成了旅行、vlog、美食、纪念日、萌娃、好物分享、探店、萌宠、家居汽车这九个类别。我们以"环球影城亲子游攻略"为例,介绍下该功能应该如何使用。首先我们单击这个图标,会进入脚本的详细界面。

上方是脚本的示例视频。视频下方说明了适用的场景是:游乐场馆、亲子旅游。整个脚本分为10个部分,共38个分镜头。每个分镜头对应一个拍摄素材。如果我们严格按照脚本来拍摄的话,就需要拍摄38个素材。单击下方的"去使用这个脚本"按钮,就可以套用这个脚本进行拍摄了。单击"去使用这个脚本"按钮后,会出现素材使用和设置界面。

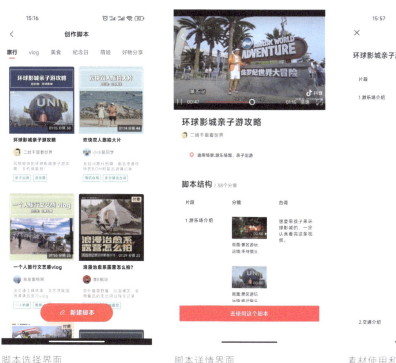

脚本选择界面   脚本详情界面   素材使用和设置界面

单击分镜栏的 "+" 就可以拍摄或者从相册选择对应的视频素材。

当我们忘记了如何运镜时,还可以单击分镜栏的原视频,观看示例视频来学习如果运镜。我们按照这个模板的步骤来拍摄素材并添加台词。全部完成后,可以单击右上角的"导入剪辑"按钮来进行下一步的编辑和调整。

选择素材

我们还可以根据自己的需要来手动创建属于自己的脚本并分享给其他人,让其他人也能感受到视频拍摄和剪辑的乐趣。

7.5
提词器

如果录制视频的时候需要附带解说，一般情况下我们会提前准备台词并提前背诵下来，待录制视频的时候同步讲解。但这会增加录制视频的准备时间，以及在录制时容易出现忘记解说词的问题。剪映APP提供了提词器功能，我们可以提前将解说词编辑好，在录制视频时看着屏幕的提示进行讲解，大大方便了我们的创作。

单击屏幕上方的"提词器"按钮。

单击后会弹出台词编辑界面。

单击提词器

台词编辑界面

单击"新建台词"按钮，可以输入我们预先准备好的文本。然后单击右上角的"去拍摄"，就可以进入视频拍摄界面了。这时解说词就会在屏幕的上方显示。我们还可以单击"设置"图标，根据自己的需要来设置解说词的显示参数。

单击"设置"图标

单击"设置"图标后，会弹出台词设置界面。

我们可以设置字幕的滚动速度、字号和字体颜色。字幕的滚动速度可以手动调整，也可以直接打开上方的"智能语速"开关，剪映APP会根据我们朗读的速度自动调整滚动速度。

如果台词条数已经积攒了很多，需要删除不需要的台词，我们只需要在台词列表上点选要删除的台词，然后向左滑动屏幕，这个时候会出现另外一个台词设置界面。

单击"删除"，删除不需要的台词即可。

此外，剪映的快捷功能区还提供了诸如美颜、超清画质、AI创作、一起拍等功能，这里就不一一介绍了。

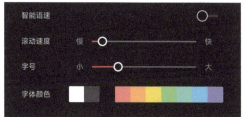

台词设置界面1

台词设置界面2

7.6
录屏

有时我们需要将手机屏幕上的内容分享给别人。这个时候我们就可以使用剪映APP提供的录屏功能。

剪映APP默认界面是隐藏了录屏功能按钮的，使用时，需要单击"展开"按钮，来显示更多功能。

单击"展开"按钮

展开后显示出更多功能

展开后我们就可以看到"录屏"的图标了。单击"录屏"图标，弹出开始录屏界面。

录屏之前，我们需要先设置一下参数，以便后面更好地剪辑。录屏界面默认是不录制声音和画外音的。如果我们需要录制声音或者画外音，需要单击上面的麦克风图标，来打开录制声音功能。

我们可以单击"1080p"这个按钮来设置录屏的视频参数。

开始录屏界面

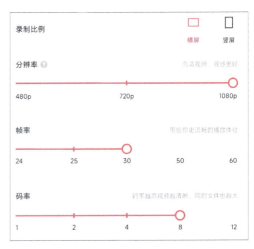

录屏视频的设置界面

在这个界面，可以设置录制比例、分辨率、帧率和码率四个选项。

1. 录制比例：可以选择横屏或者竖屏，一般游戏类或者影视类的录屏，我们通常选择横屏录制。软件操作类的一般选择竖屏录制。通常会根据录制对象是横屏或者竖屏来选择录制的视频是横屏还是竖屏。

2. 分辨率：我们可以在480p、720p和1080p之间选择。默认是1080p。分辨率越高，视频的清晰度越高，相应的文件体积就会越大。

3. 帧率：简单来说帧率就是每秒钟录制或者播放的画面数。例如帧率为24fps的意思就是1秒钟的素材由24张图像组成。剪映提供了24fps、25fps、30fps、50fps、60fps这几个选项。帧率越高，视频播放起来越流畅，但是相应的文件就会变大。

4. 码率：码率就是单位时间内视频的数据量。码率越高，单位时间内视频的数据量越大，承载的视频内容越丰富，视频越清晰，相应的视频的文件就会越大。

如果我们没有特殊的需要，只需要调整一下视频的录制比例。其余的直接按照剪映的默认设置即可。

另外，界面右上角还有一个"如何录屏"的按钮，单击可以查看官方的视频介绍。界面下方"我的录屏"，展示的是我们之前的录屏记录，可以在此处管理我们的录屏文件。

设置完参数之后，就可以开始录屏操作了。这时单击中央的"开始录屏"按钮，再单击"立即开始"即可进行录制。

单击"立即开始"按钮

由于剪映需要开启悬浮窗才能录屏，如果此前我们没有给剪映设置悬浮窗权限，此时剪映会弹出提示。

提示开启悬浮窗

这时我们需要单击"确认"按钮，前往设置界面进行设置。需要打开"允许显示在其他应用的上层"选项。

设置允许开启悬浮窗功能

设置完成后，就可以进行屏幕录制了。单击"开始录屏"按钮，并确认提示后，剪映APP开始3秒倒计时。倒计时结束后，APP就会开始屏幕的录制，此时，我们屏幕显示的所有内容都会被记录下来。录制过程中，我们可以单击屏幕右侧的悬浮窗来控制屏幕的录制。

开始录制

左侧按钮显示的是已录制的时间，单击后可以停止录制并保存已录制的视频。再次单击后，会进行下一段视频的录制。单击中间的"回剪映"按钮后，可以返回剪映APP，录制剪映APP的相关操作。单击最右侧的"关浮窗"按钮后，悬浮窗会关闭。关闭悬浮窗后APP仍然在录制屏幕内容。这时候需要手动切换到剪映APP内进行下一步操作。

录制结束后，录制的视频会显示在"我的录屏"中。我们可以对视频进行后续的剪辑操作。

第八章

短视频的
基本处理流程

在了解了剪映 APP 的快捷功能后，本章我们米学习一下短视频的基本处理流程。

8.1
导入素材

如果之前已经拍摄了很多素材，现在需要进行下一步的剪辑。我们可以单击"开始创作"按钮，来进行素材的添加。

单击后会出现素材选择界面。

单击屏幕上方的标签可以选择导入素材的来源，素材来源分别是：照片视频、剪映云和素材库。

照片视频对应的是本机上存储的文件，可以按照视频和照片分类进行筛选。

剪映云是我们上传到剪映云的文件。

素材库是剪映APP官方提供的一些素材。我们在一些短视频上经常见到的过场动画都可以在素材库里找到。

单击"开始创作"

素材选择界面

素材选择和排序

单击列表中素材右上方的小圆圈，可以进行素材的选择。选中后的素材圆圈内会显示一个数字，这个数字是我们单击素材的顺序，也是导入剪辑界面后素材在剪辑轨道内的顺序。

如果我们想取消选择某个素材，只需要再次单击对应视频右上角小圆圈即可。此时后面的视频顺序会依次前移。当然，我们也可以单击屏幕下方视频列表右上角的"x"图标来取消选择。

如果想要调整素材的顺序，我们可以按住并拖动屏幕下方已选择视频列表里的素材，并拖动到需要的地方再松手。此时，素材列表里对应的视频右上角圆圈内的序号会同步变更。

选择素材时要注意顺序

分屏排版

当我们选择的素材数量等于或者大于2个的时候，屏幕下方会出现"分屏排版"按钮。此时我们可以单击这个按钮来对素材进行分屏排版操作。

单击"分屏排版"按钮后，会出现拼版样式选择界面。

我们可以在剪映内预置的布局中进行选择。布局框上方是实时预览窗口。此时可以按住并拖动对应的素材来调整它们的位置。剪映APP最多支持9个素材的分屏排版布局。当我们选择超过9个视频时，分屏排版功能就无法使用了。

分屏排版的视频时长是按照所选的视频素材中时间最长的视频来决定的。如果使用分屏排版功能，最好选择时长一样或差不多的视频素材来进行剪辑。如果我们选择的视频较多时，剪辑过程中会占用大量的手机资源，这时候可能会出现手机卡顿的现象。

拼版样式选择界面

选择完视频素材并初步确定顺序后，单击屏幕右下角的"添加"按钮，视频素材会添加到剪映APP的剪辑窗口界面，供我们进行下一步的剪辑操作。

单击分屏排版按钮

8.2

预览素材

剪辑窗口

进入剪辑窗口，可以看到视频界面及下方的素材轨道。

屏幕中间是预览窗口，可以单击窗口下方的"播放"按钮来进行预览播放。也可以单击播放按钮右侧的全屏按钮来实现全屏预览。此时，视频会全屏播放，其他工具栏会全部隐藏，只保留播放工具栏。

在非全屏预览窗口下方是素材轨道。此时我们刚添加完视频素材，只显示了一条轨道。后续我们可以添加其他的视频和音频轨道。

素材轨道

左右拖动时间轴竖线可以实现效果的快速预览。如果视频的播放时间较长，轨道的长度也会比较长。这时我们可以使用双指缩放来调整时间轴的长度。另外我们也可以在这个地方来调整视频素材的顺序。长按素材并左右拖动至需要的位置即可。

8.3

视频素材的切割分段

　　如果需要将视频素材不需要的片段删除，或者根据需要将其分成几部分来调整顺序，这时就需要将视频进行切割分段处理。首先拖动视频轨道，使时间轴竖线处在需要分割的位置，然后单击屏幕下方的"剪辑"按钮。在弹出的菜单中，单击"分割"按钮。

单击"剪辑"按钮

单击"分割"按钮

　　此时视频素材在时间轴竖线所在处被分成两个部分。

　　如果我们不需要前段或者后段视频，此时可选中不需要的视频素材，然后单击下方的"删除"按钮。

　　如果我们要删除的片段位于素材的中间，此时需要对视频片段做两次分割处理，直到我们要删除的片段变成一段独立的素材，这时候就可以选中它对其进行删除了。

素材被分割

单击"删除"按钮

8.4

视频素材的变速处理

有时候我们需要对视频进行快进或者慢速播放处理。比如记录植物生长过程的素材，就需要进行快进处理；而比较激烈的体育比赛视频或者转瞬即逝的烟花绽放视频，则可以进行慢动作效果处理。剪映APP提供的变速功能就可以很好地解决这个问题。

选中需要变速的视频素材，然后单击屏幕下方的"变速"按钮。

此时会出现两个变速功能的选项，"常规变速"和"曲线变速"。

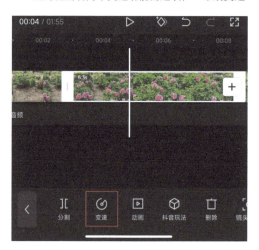
单击"变速"按钮

"常规变速"和"曲线变速"选择界面

常规变速

常规变速是指选中的视频素材片段按照设定的变速一直从头播放到尾，中间的播放速度不会变化。

单击"常规变速"按钮，会出现变速设置界面。

常规变速的速度可以在0.1倍速到100倍速之间选择。调整变速后，工具栏左上方会显示视频时间的变化。如果我们将变速调到1倍以下，且不做任何处理，此时的视频画面将会显得卡顿，剪映的"智能补帧"选项将会开启。

变速设置界面   设置1倍以下的变速

　　勾选"智能补帧"选项后，剪映会自动计算合适的中间帧来补足缺失的画面，对变速的视频效果进行优化。受限于拍摄视频素材的帧率，一般建议不要将变速调整到0.5倍以下，否则变速后的视频会变得卡顿。如果需要取消变速的效果，单击屏幕左下角的"重置"按钮，然后再单击右下角的"√"即可。

曲线变速

　　如果需要在视频素材内部实现不同的变速，可以使用剪映提供的曲线变速功能。单击"曲线变速"按钮，可以看到曲线变速界面。

　　剪映提供了预置的蒙太奇、英雄时刻、子弹时间、跳接、闪进、闪出这几个选项，我们可以直接运用，也可以对预置的效果运用后进行调整。还可以单击"自定"按钮进行自定义变速。

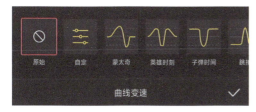
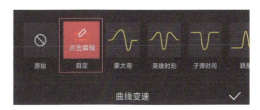

曲线变速界面   单击"自定"按钮

　　单击"自定"按钮后，此时按钮背景会变红，并出现"单击编辑"字样。我们再次单击一下这个图标，就会进入变速编辑界面。

　　屏幕上默认有5个控制点。控制变速从0.1倍速到10倍速。如果我们需要添加控制点，可以在需要添加控制点的位置，单击屏幕下方的"添加点"图标。剪映没有限制控制点的数量，我们可以根据自己的要求进行添加。如果不需要很多的控制点，可以移动时间轴到需要删除的控制点处，然后单击下方的"删除点"按钮，就可以删除掉多余的控制点。

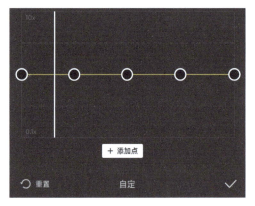

变速编辑界面

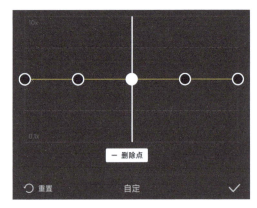

删除控制点

　　同常规变速一样，如果曲线变速中出现了小于1的倍速，我们也可以勾选"智能补帧"功能来使视频更加流畅。

调整图片素材播放时间

　　在剪映APP中，导入到剪辑时间轴中的图片素材默认的播放时间是3秒。如果我们需要调整图片播放的时间，可以直接在素材轨道中选择图片素材，然后拖动素材右侧的边框来调整图片素材的播放时间。

拖动素材边框改变播放时间

8.5

视频的转场效果

如果两个相邻的视频素材片段中，场景差异比较大或者是内容完全不同，那么画面在从第一个素材跳转到第二个素材时，会显得有些生硬。这时候我们可以考虑使用剪映APP提供的转场效果在两个视频片段之间插入一个转场。

单击素材轨道中两个视频素材之间的方块图标。

此时会弹出转场动画选择界面。

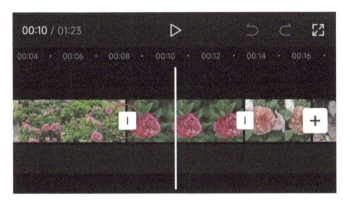

单击素材之间的方块图标

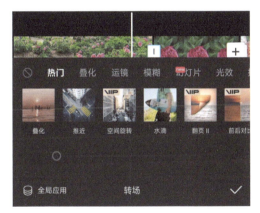

转场动画选择界面

常见的转场效果有叠化、运镜、模糊、幻灯片、光效等。

叠化效果比较适合元素比较少、主体比较突出，或者是比较纯净的画面之间的切换，这样才能完美适配叠化的效果。

运镜效果适合镜头有拉伸时候使用，两个视频的拉伸一致时最好。我们可以在使用时根据需要进行选择。当我们选择了一个效果之后，可以调整该效果持续的时间。

转场动画时间可以从0.1s到2.5s之间根据需要进行调整。此时还可以单击播放按钮或者缓慢拖动轨道上的素材来预览效果。如果我们只想在选中的视频素材之间使用这个转场动画，单击右下角的"√"即可。如果我们需要在每个视频素材之间都使用这个效果，那么单击左侧的"全局应用"按钮即可。

当我们设置错误或者不需要转场效果时，可以单击转场设置界面左上角的取消图标来取消转场设置。需要注意的是，取消转场的设置，需要每个片段逐一取消，无法一次全部取消。

设置了转场效果的片段之间会有一个图标来标识已经设置好了转场效果。

后续如果我们需要更改转场效果，或者删除转场效果时，单击这个图标即可进行修改或删除操作。

调整素材播放时间

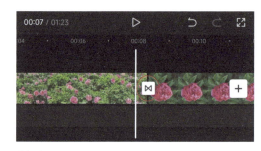

转场标记

8.6
视频黑边的处理

如果录制的视频素材分辨率过低或者宽高比不一致，在同一个剪辑里面编辑会出现黑边现象。

如右图所示，我们拍摄的是9:16的视频素材，但是剪辑时选择的是16:9的比例。这时候两侧就会出现黑边。一般有两种处理办法，下面我们详细介绍。

素材不一致，编辑时会出现黑边

第一种办法是缩放视频素材来填充整个画面。单击屏幕下方的剪辑按钮，此时素材会被红框框住。

调整素材填充画面

此时我们可以用双手缩放被框住的部分，使图像填充满预览区域。

这样做的缺点是如果原始素材不清晰的话，缩放后的清晰度会继续下降，影响最终成品的效果。

双指拖动画面填充预览区

第二种办法是添加背景来替换黑边。向左拖动屏幕下方的剪辑按钮栏，可以查看剪映提供的更多的剪辑功能按钮，然后单击"背景"按钮。

此时会弹出"画布设置"界面。

剪映提供了画布颜色、画布样式、画布模糊三个选项。下面我们逐一介绍。

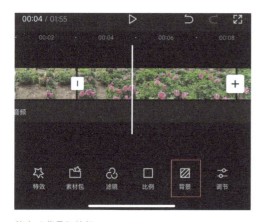
单击"背景"按钮

"画布设置"界面

画布颜色

单击"画布颜色"按钮，会出现"画布颜色设置"界面。

我们有三种方法可以来设置画布的颜色。

1. 直接在右侧的色块处选择需要的颜色。

2. 单击彩色方块，会出现更加丰富的色彩选择界面。我们可以拖动下方的滑块来选择颜色所在的区间，

"画布颜色设置"界面

然后在上方的颜色选择框内选择我们需要的颜色。选择完成后，需要单击右下角的"√"来确认我们的选择。

3. 取色器选色。我们可以单击最左侧的吸管，此时预览区会出现一个取色用的圆环。

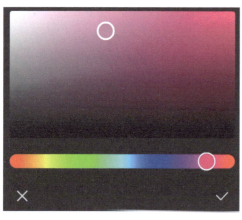
色彩设置界面

用取色器选色

移动圆环位置可以在视频素材的画面里选择我们需要的颜色，背景的颜色会根据圆环的移动实时变化，方便我们预览画布的效果。

如果有多个需要画布的视频素材片段，可以单击下方的"全局应用"将所选的画布应用到全部的素材中。

画布样式

画布颜色只是纯色的填充背景，有时我们需要图案更加丰富的背景。这时候我们可以通过画布样式来选择更加丰富多彩的背景。单击"画布样式"，会出现画布样式选择界面。

单击下方的画布样式缩略图，可以选择剪映预置的画布样式。另外也可以单击预置样式左侧的图片标志，选择自己手机上存储的图片作为视频素材背景的画布样式。如果不需要设置画布样式了，也可以单击最左侧的取消图标来删除所有的画布样式。

画布样式选择界面

画布模糊

如果没有合适的颜色和画布样式用作背景，我们也可以直接用画布模糊的方式来设置视频素材的背景。单击"画布模糊"后，我们可以看到不同模糊度的画布效果。

画布模糊的程度由轻到重共四个级别供我们选择。我们在抖音观看视频的时候，也经常可以看到应用画布模糊的视频。

画布模糊度设置

8.7

视频的导出

剪辑完成后我们就可以进行视频的导出操作了。在视频导出之前，我们还需要做一些设置。

确定视频的宽高比

首先，我们要根据需要设置一下导出视频的宽高比。视频的宽高比是根据导入的第一个视频素材的宽高比来确定的。向左滑动屏幕下方的工具栏，然后单击屏幕下方工具栏中的"比例"按钮，就可以改变视频的宽高比了。

单击"比例"按钮

单击"比例"后，弹出比例选择界面。

选择视频的宽高比

下面给大家介绍下常见的比例选项。

1. 原始：剪映是根据导入的第一个素材的比例确定原始比例的。

2. 9:16：是短视频常用的比例，适合手机或平板电脑竖屏播放。常用的软件，比如抖音、快手上的大部分视频都是这个比例。

3. 16:9：长视频常用的比例，适合手机或者平板横屏播放。西瓜、爱奇艺，腾讯视频上的电视机或电影等常用这个比例。

4. 1:1、4:3、3:4：这几个比例不常见，1:1主要是在小红书、豆瓣等APP上使用。4:3和3:4，是16:9的比例普及之前，电视节目常用的视频比例，现在这个比例多用于生成怀旧感的视频。

5. 2.35:1 和 1.85:1 这两个比例是之前电影常用的宽高比。使用这个宽高比导出的视频可以给人一种电影感。

视频输出选项

单击屏幕右上方的"1080p"按钮，可以设置视频输出的
选项。

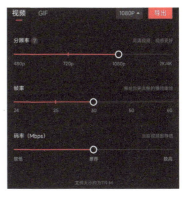

我们可以对视频的分辨率、帧率以及码率进行调整。

分辨率我们从480p、720p、1080p、2K/4K 四个选项中选择。一般来说，导出的视频的分辨率最好和导入的视频的分辨率一致，这样会带来比较好的播放体验。

帧率共有五个选项。前面我们已经做了相关介绍，这里就不再介绍了。

视频输出选项

码率这里给了三个选项。如果我们对生成文件体积的要求比较高，而对清晰度的要求不高的话，可以选择较低码率，这样生成的文件体积较小。如果我们对文件体积要求不高，但对清晰度要求较高的话，建议选择较高码率。如果没有什么特殊要求，选择推荐设置即可。

界面最下方给出了最终生成文件大小的参考。我们可以根据这个参考调整上面的选项，来控制最终文件的大小。

输出格式

除了输出视频，剪映还提供了输出GIF格式的选项。单击"GIF"图标可以选择输出为GIF格式。

输出GIF格式的选项默认是240p。如果需要输出更高分辨率的GIF文件，需要我们开通剪映的会员。

GIF格式选择

视频封面

1. 选择封面

视频封面就是在视频预览界面显示的一张图片。如果我们的视频要对外发布，可以考虑给视频设置一个精美的封面。如果不设置封面的话，视频的第一帧画面就默认是我们视频的封面。

单击素材轨道左侧的"设置封面"图标。

这时会弹出"设置封面"的界面。

单击"设置封面"

设置封面

一般情况下，我们可以选择视频中的某一帧作为视频的封面。左右划动素材轨道就可以选择封面帧了。

另外我们也可以从相册里面选择一张图片作为我们的封面帧，只需要单击"相册导入"按钮，然后在弹出的界面中选择一张作为我们的封面即可。

选择图片作为封面

2. 编辑封面

选好封面图片后，我们还可以对封面图片进行美化。可以选择封面模板，直接套用模板来美化我们的封面。单击屏幕下方的"封面模板"按钮，即可弹出封面模板界面。

封面模板选择

模板已经做好了分类，我们找到需要的模板，单击后即可应用到封面上。除此之外，还可以单击"添加文字"按钮来为封面添加文字。

封面添加文字

输入文字后，我们还可以设置文字的样式。美化完成后，单击屏幕右上角的"保存"按钮，就可以保存我们设置好的封面了。

完成所有设置后，单击右上角的"导出"按钮，就可以导出一个初步制作完成的视频了。

第九章

•••••

短视频全平台
运营技巧

本章将介绍如何在短视频平台进行运营，为后续引流与变现打好基础。

9.1

热门短视频的重要特点

本节，我们来了解一下热门短视频的重要特点。

热门短视频如何开头

短视频开头的前3秒至关重要，直接影响到用户是否继续观看，所以开头即高潮，非常重要。下面给大家罗列了一些精彩的开头模板，和我们取标题有点类似，但是可以比标题再长一些，供大家参考。

类型	案例
如何型	我是如何在3个月内挣到100万的，想知道我是如何做到的吗?
揭秘型	揭秘全球最神秘的10大村庄，去过一个，算你胆肥。
数字型	不会写方案? 主播都在用的5大文案网站推荐给你。
疑惑型	北大才子辞去百万年薪工作回家种地?
恐惧型	千万不要吃这几种食物，容易致癌，它们到底是什么呢?
提醒型	千万不要在饭局上说这些话，不然你会后悔。
紧迫型	千万不要划走，这个视频很重要，记得先下载收藏。

结合当前网络热门事件

热门事件其实有很多。当然也可以结合一些网络热门段子，能让大家形成身份认同并产生共情，内容里又有一些情节的矛盾点和引发大家兴奋的点，从而引发了大家的讨论。还有一些视频会配上当下比较热门的话题和音乐，这样一来，整个短视频就很容易爆发。

封面及字幕的特点

封面风格最好统一，这样会给人一种比较整齐和规范的感觉；字幕一定要醒目，可以写一些容易引发别人好奇心的字眼。

添加热门标签

热门标签是重要的流量入口，尽量不要自创奇怪的标签，因为有时候流量池也是官方通过易识别的标签涌入的，比如"电影评论"就是一个热门标签，如果我们把这一标签改成"XX(人)在XX（地点）评论了XX（电影）"，这样的标签就不是一个易搜索的标签，很容易被限流，所以我们一定要尽可能添加那些热门的、经典的标签。

同框合拍

合拍可以共享流量。每个主播的流量都是不一样的，如果你能够跟一些不同流量的主播同框合拍，也可以起到相互引流的作用。

内容转发

多转发到朋友圈、微信群、QQ群、贴吧等，也可以更好地提升视频的播放量。

文字简介

视频的文字简介，最重要的是要有共情的能力，或者引发讨论的能力，这样大家才会评论、点赞、转发。还可以@一些热门账号或者自己的矩阵账号，做粉丝联动。

配乐/声音

一般来说，当下热门的音乐、电视剧的主题曲、当下热门主播的声音，都比较好用。当然还有作者的原声，如果你的声音很有特色，你也可以用自己的声音。另外，有一些潮流的配音软件也可以使用，如果你的声音不太适合用在短视频上，可以去下载这些配音软件，制作出少年音、公子音、气泡音等。接下来给大家推荐几款配音软件。

配音助理   培音配音软件   配音大师

讯飞配音文字转语音   配音神器   语音合成助手小程序

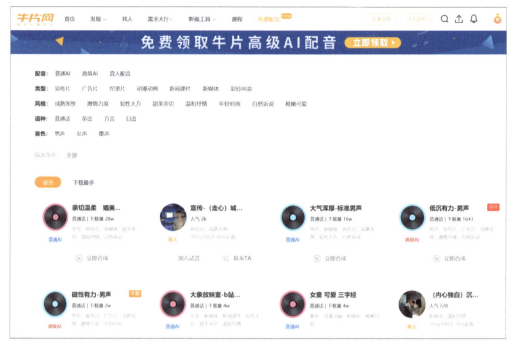

牛片网

地址定位

由于短视频更容易推荐给同城的人，所以定位在不同的地方，粉丝启动量也会不一样。很多人会通过短视频来进行线下引流，定位当地的地址之后，就会推荐给同城的人，利于引流。如果你把地址定位在一个非常偏远的山区，那里没有太多短视频的用户，那么这条短视频可能就没有什么流量了。所以定位地点有时候也是非常重要的。

更新时间

大部分人都是在早上醒来的时候、中午吃饭的时候和晚上快睡觉的时候刷短视频，周六周日宅在家里没事干的时候也会刷短视频，所以你可以选择在这些时间段发布你的视频作品。

除了这些时间段，还要看一下你的对标账号和竞争账号大概在什么时候发短视频。官方基本上不会推同一个类型的视频，如果你想让自己的视频上热门，就要尽量避开他们发布的时间去发自己的视频，只有避开那些大流量的账号，才有可能争取到流量，所以平时一定要多加观察。

粉丝互动

在评论区和粉丝互动，可以让粉丝再次进入你的主页，浏览你的视频内容。因此，我们要经常在评论区跟粉丝互动，有助于让粉丝更关注你的账号。当非粉丝群体看到你的留言时，他们也会再次进入你的主页去看你给他们的留言，这样有助于让他们成为你的粉丝。

以上几点都是非常重要的引爆短视频的因素。

工具网站推荐

如果你自己写不出文案、想不出标题、找不到创意，也可以去这几个网站找找灵感。

顶尖文案：主打文案、广告、创意等

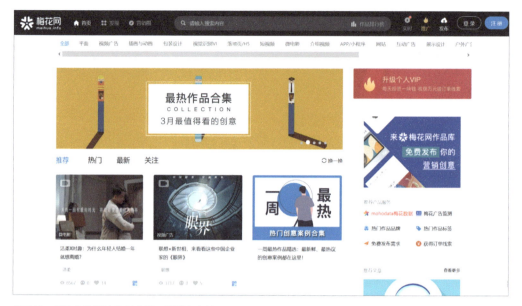

梅花网：提供各类爆款案例分析、营销内容等

文案狗：输入一个字就会推荐多个词，解决词穷和取名困难的问题

易撰网：文案禁词检测、找爆文、找热点

数英网：整合了新媒体、互联网、电商等数字业界信息

内容神器：即时发现热点、选题等

SocialBeta：提供社交媒体、数字营销等内容

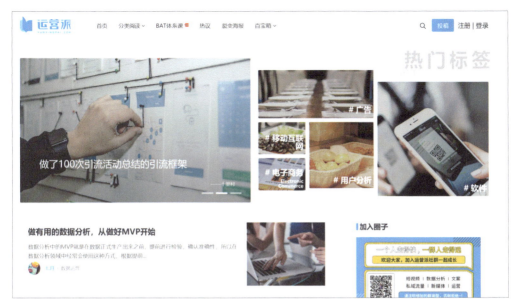

运营派：提供互联网运营、市场、营销、文案等内容

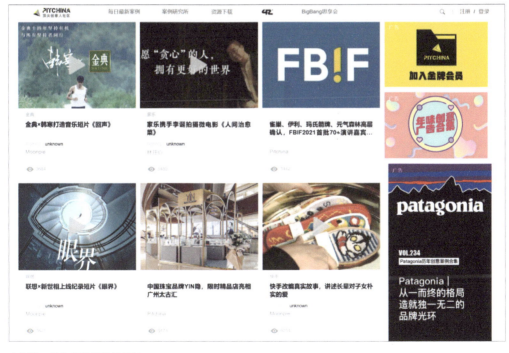

大创意：给你提供创意的网站

优设网：专业设计网站，提供设计相关内容

GiiSO写作机器人：输入关键词，系统自动撰写文案等

VLOG小站：有文案、剧本、文案技巧讲解等

戏剧超市：做剧情账号专用

9.2

引爆短视频的重要条件

想要引爆短视频，有以下几个重要条件。

首先，短视频的主题要明确。

其次，受众要明确。要进行人群定位，即你的短视频针对的是哪些人，或者说希望哪些人能够看到并参与进来，只有先想清楚用户画像，才能明确要去什么地方找这些人，用什么手段能吸引这些人，定位的群体要针对某一类人群，比如宝妈、儿童、宠物、男性、女性、养生爱好者等，这样有助于增加粉丝的关注度。

此外，短视频的内容也要尽可能制作精良。

最后，短视频的转化力要强，无论是短视频的背景音乐、内容还是知识技术等，一定要具备可分享性，让观看者愿意把你的视频转发给朋友。

9.3

主流平台的流量池推荐机制

流量池

当今主流平台的流量池推荐算法，相信大家基本上都能理解，观看短视频的人多了，点赞的人多了，平台就会把这个视频推向更大的流量池，这样一层一层往上推，最终就会引爆这条短视频。所以短视频的内容一定要精良，这样观看、点赞、评论、转发的人就会更多，促使你内容越来越好，不断涌入更大的流量池，形成良性循环，获得更多的曝光量。

流量池推荐要素

要想获得流量池推荐，点赞、转发、保存、评论、完播率、关注量等都是很重要的指标。当然，最重要的还是重点强调了无数遍的"内容为王"。

提高账号权重

提高账号的权重也很重要，以下是提高账号权重的几个重要因素。

1. 做某专业领域账号：视频的内容一定要保证在一个专业领域内。

2. 内容可持续更新：一定要持续地去更新你的内容，而不是今天发一条，几个月后再发一条。

3. 发布垂直内容：一定要在垂直领域去发布内容，而不是今天发个电影评论，明天发个脱口秀片段，后天发个美食分享，这样会导致账号内容非常混乱。

9.4

如何打造矩阵账号

关于矩阵账号

其实，矩阵账号就是多个类型或者相关类型的账号形成了一个矩阵，每个账号的粉丝可以进行相互联动，从而把影响力扩大。比如说读书类的矩阵账号，有的账号是作者坐在沙发上朗读了一段名著；有的账号是通过图片呈现出了一段名著上的话，而不是通过真人出镜；有的账号是通过展示电视剧或者电影片段，然后配上和情节相关的书里的内容。这些都是同一类型的账号，且都是读书类的账号，这样就可以形成一个矩阵，只不过它是以不同的形式呈现出来的。

为什么要打造矩阵账号

首先，这样做短视频获取流量的成本很低，比其他媒体推广形式更节约成本，视频模式也更具有推广效果。

其次，打造矩阵可以更好地扩大影响力，矩阵账号之间是可以相互联动，如果你只有一个号，这个号并不是马上就能火，但是如果你有多个账号的话，火的概率就会更大，而且它可以以号带号，比如说其中一个账号有100万粉丝，下次你在这个账号发视频的时候，可以@你的小号，那么大号的粉丝可能就会被引流到小号上去了，慢慢带火你的小号。另外，你也可以通过@其他同类头部账号，把他们的流量引到你自己的账号上，然后添加两到三个热门标签，让粉丝量增长上去。

还有一种形式是形成家庭矩阵。比如有人养了五条狗，每条狗单独开设一个账号，记录它平时的生活状态、性格等，这样就有了五个不同的宠物类账号，加起来就形成了一个家庭矩阵。

最高峰的时候，樊登读书会在抖音上的矩阵账号接近800个，都是属于"加盟"式的账号，也就是樊登读书会做内容输出，其他分会和玩家用自己的账号进行剪辑发布。

除了在同一个平台里用不同的账号去拍同一个类型的视频来做矩阵账号，我们还可以把这些视频发布到不同的平台上，通过不同平台的推荐形成矩阵。比如

陈昌文读书会和樊登读书会在抖音上的矩阵账号

我们在优酷上传了一个比较长的视频，可以在视频简介中写上类似"欢迎关注抖音XX账号"的文字，这样就可以形成平台间的矩阵，影响力也会更大。

大家在运营多平台矩阵账号的时候，一定要有自己的主营平台，并且要在主营平台上首发完毕后，过一段时间再同步到其他平台上，因为在短时间内，如果同时发布多个平台，容易影响内容的原创度审核，有些平台能够识别出来，可能就不会给太多的流量，甚至影响推荐，因此找一个适合自己的平台作为主营平台是十分重要的。

矩阵推广	单平台矩阵	在同一个平台里，注册多个账号，将不同形式的内容（图文版、视频版等）或者同一个视频内容不同排版设计，上传到同一平台，通过相互点赞，相互引流。
	多平台矩阵	在不同的平台上发布视频内容，一定要有固定的主运营平台先发，再同步到其他平台，避免影响原创性审核，在不同的平台发布后，了解它们的推荐机制，做平台用户画像，然后再针对不同平台的用户画像进行特定内容的发布。
	多元化矩阵	除了短视频平台，也可以在贴吧、博客、朋友圈等不同的平台进行推送，或者形成文章、链接在公众号和美篇里进行发布。

同时发布多个平台时，登录上传要花掉很多时间，有什么捷径可以让矩阵运营变得简单呢？这里给大家推荐易撰SaaS管理系统，有了这个系统，就可以在一个页面内同时登录不同的平台账号进行作品发布了，不需要打开多个网站。

易撰SaaS管理系统软件截图

9.5
养号及注意事项

如何养号

各个平台的养号过程其实都差不多，首先可以绑定自己的手机号，有些平台还可以上传身份证，进行权威认证，这样你的账号就更容易被平台识别为正规的账号，更不容易被封号。但其实申请手机号就需要身份验证，所以一般情况下绑定一个手机号就可以了。

绑定了身份证和手机号之后，还需要完善系统要求填写信息，这样平台就会认为你是认真对待这个账号的，而不是随便注册了几百个账号进行炒作的。信息完善得好，也可以提高账号的权重。

另外，我们还要上传正能量的头像和账号名称，不要取一些奇怪的名字，让平台误以为你很不专业。你的头像和账号名称不能选择太奇怪的词汇，更不能选择法律明令禁止的词汇，尽量选择正能量的词汇，要让平台认为你是一个品行端正的作者，不会发布奇怪的视频去影响整个平台的秩序，这一点非常重要。

多刷视频，多转发、多点赞、多评论别人的短视频内容，这样平台就会认为你是一个活跃的真人账号，而不是一个注册完就闲置的账号。

最后，首发的几个短视频一定要制作精良，因为你刚刚发短视频的时候，平台会更愿意去给你推荐流量，它想测试一下你是不是一个好的短视频创作者，所以前面发布的几个短视频一定要精益求精，方便你把这个账号启动起来。

注意事项

前面我们介绍了关于内容标题和设计等内容的注意事项，但是依然有很多博主的视频未被通过审核，这是什么原因呢？短视频平台需要大量优质内容，确保平台的质量，从而吸引更多的用户，如果平台上的短视频全是广告，那么用户量就会大大降低，因为没人喜欢刷广告，很多剧情博主在拍摄视频时，也只是带一些故事性的软广，不敢大张旗鼓地推销产品，所以，在短视频标题、设计和内容的把控上，大家还是需要花一点心思。下面提供了一张短视频审核失败的原因列表，大家可以做个参照。

短视频审核失败的原因

视频标题	视频内容	广告植入	其他原因
☐ 低俗的词汇	☐ 污秽内容	☐ 硬性广告	☐ 封建迷信
☐ 敏感的词汇	☐ 反社会内容	☐ 营销广告	☐ 陌生文字
☐ 网页链接	☐ 反道德伦理内容	☐ 非法集资	☐ 侵犯他人隐私
☐ 联系电话	☐ 联系电话		☐ 打架斗殴
☐ 微信、二维码、账号等	☐ 微信、二维码、账号等		☐ 虐待动物
			☐ 家暴体罚
			☐ 敏感时政

第十章
· · · · ·

短视频变现策略

短视频的变现方式是很多短视频玩家非常关注的内容，本章将介绍短视频如何变现。

10.1

短视频变现的六大主流方式

内容付费变现：模式、类别及平台

内容付费变现是我们经常见到的一种变现方式。

它的模式是通过前端做知识技术的分享，然后在后端做教程销售，也就是说，你在启动账号的时候就要冲着以后是以知识付费这个结果去定位自己的账号的。比如你是一个健身教练，那你就不应该只是健身给别人看，还要讲一讲健身的步骤和要点。你的短视频里至少要涵盖一些可以让大家学到知识的信息，并且你至少要有一个月的知识储备量，至少要囤60~90条可发布的短视频内容，持续去发布，大家才会认为你是专业的、有经验的，下次他看到了某条感兴趣的视频时，才有可能私信你或者给你留言，表达他们想学习你的知识体系或专业技术的意愿。这是我们比较常见的知识付费的变现方式，那些专业领域的账号就是通过这种方式把他们的专业知识变成付费课程来实现变现的。

能够实现内容付费的类别有健身、摄影技术、亲子关系、婚姻关系、化妆技术、运营管理方法等，我们常见的教育类账号，包括语文、数学、英语等，也都可以通过线上的知识分享，变成线下的培训课程进行售卖。

所以，你在启动账号的时候就要设定好最后的变现方式是什么，要注意形成一个良好的销售闭环。

可以嫁接内容付费的平台推荐

平台	特点
千聊	千聊是一个专注知识变现的工具平台。覆盖职场、亲子、母婴、健康、人文、财商等40多个类目。功能较为齐全，个人版免费，机构版收费。
荔枝微课	微信内实用的微课平台，支持老师分销课程。可搭载在微信公众号上使用，运营功能较多。
腾讯课堂	腾讯课堂是腾讯公司推出的专业在线教学平台，通过微信和QQ报名的客户，在开课时还有提醒功能。腾讯课堂的功能也十分强大和稳定，很适合将内容上传，方便推广和客户观看。
小鹅通	为内容创业者提供技术支持，可以搭建自己的知识变现平台。这个平台搭建需要一定的费用。
喜马拉雅	喜马拉雅是专业的有声平台，里面汇集了有声小说和故事，各类有声读物和课程，还有一些娱乐性的相声小品等，是近5亿用户选择的网络电台。

广告流量变现：商业模式与具体操作

广告流量变现就是把所有平台的粉丝量攒起来，通过粉丝量和流量来进行变现。当然，有一些平台是自带流量的，只要有播放量就有流量，比如抖音、优酷和今日头条，只要播放量达到一定级别，就可以按照播放量分广告费。

除了平台自带的流量费，还有一些广告是从外部接来的，首先你要在简介中留下自己的联系方式，让广告运营商能联系到你，等他们主动找你投广告，找你做软广。

另外，不是说有1000万粉丝就相当于有流量口，你还可以把业务挂到猪八戒、淘宝、咸鱼、微播易上，这样也是有可能接到广告的，如果商家想要找你去做广告，就可以通过这些平台找到你。

当然，你也可以签约一些MCN公司，这些公司可能已经签约了一大批网红，广告商想做广告的时候就会直接找到那些做得比较好的MCN公司，然后MCN公司再联系旗下相关领域的主播做软广，公司再去跟主播分成。当你的账号流量做到一定级别，又怕自己接单太麻烦的情况下，你其实就可以跟一些比较知名的公司签约。但是要注意，有些没有名气的公司在刚起步的时候是没有太多能力和物力的，对你的流量和宣传也没有任何帮助，并且还要分成你的广告费，大家在挑选公司的时候，一定要注意这一点。

还有一种情况是当你自己的账号流量大了以后，你所在的短视频平台可能也会自主发布一些活动，比如抖音的星图，你也可以在里面领取任务，任务完成后就会得到佣金。

打赏订阅变现

很多短视频平台都已经开通了直播功能，比如快手直播、抖音直播等。在直播的过程中是可以给主播打赏的，只要有粉丝们送礼物，就可以拿到佣金。还有一些平台是只要订阅数量达到一定级别的时候，平台就会发一些奖励。

私域流量变现

1. 微信/QQ

除了把所有流量转到自己的视频账号下，其实最重要的一点是把线上的公域流量转变成线下的私域流量。也就是说，要把短视频平台上的粉丝变成自己的微信好友或者QQ好友，这样粉丝的粘性就会很大。很多博主会通过留微信、留QQ等联系方式的形式，把线上的流量导入私域流量里面。当粉丝成为微信好友之后，可以建个微信群；当粉丝成为QQ好友之后，可以建个QQ群，然后可以在群内进行带货。

2. 独立商城/小程序

当我们把私域流量导入自己的微信上时，可以自己做一个独立商城或者小程序，把粉丝往自己的平台上去引流，这就是通过私域流量变现的方式，因为公域流量很容易流失。

视频直播变现：公域与私域商城销售

公域商城和私域商城就是直播变现。除了我们前面提到的用户打赏，其实还可以通过直播做线上销售。

1. 公域商城

公域商城里本身就有货源，在商城里直播就可以直接销售他人的商品，常见的公域商城有抖音小黄车、淘宝商城、京东商城等。

2. 私域商城

私域商城就是有自己的小店，销售自己的商品。

渠道分销变现：线下渠道、线上渠道与电商小程序

1. 线下渠道

线下渠道无非就是在线上的粉丝涨到一定数量的时候，在视频中定位自己所在的城市，把线上粉丝引流到线下商店，让粉丝去线下商店购买商品。

2. 线上渠道

线上的分销渠道有头条号、抖音海外版TikToc、一点资讯、西瓜视频、腾讯微视、大鱼号、优酷等。线上的渠道分销变现是指当你的广告播放量达到一定数量的时候，广告商就会付广告费。特别是在优酷等平台发布的视频，视频在播放之前都会有几十秒的广告，这些广告商都是给平台付了广告费的，如果你的视频播放量达到一定量的时候，优酷平台是愿意去跟你分成广告费的，就是为了让你的视频播放量和质量做得更好，随之让广告商的播放量更高，这样该平台得到的佣金也会更多，你得到的佣金也会更多。所以把视频内容做好真的是重中之重。

3. 电商小程序

除了线上渠道和线下渠道，你还可以把一些高流量的视频发布到一些直接可以通过流量变现的平台上。例如有些平台上的电商小程序需要推广，你只要在发布视频的时候挂上这个小程序就可以了，只要有播放量，这些小程序的开发商就会直接通过平台把佣金打给你。每个平台的分销渠道都不一样，可以去找一下你想要去的平台是不是有这种小程序的任务，将任务接下来，直接挂在你的视频上就可以了。

10.2
其他变现方式

衍生品

有些人喜欢拍猫猫狗狗的视频，这种账号就可以做一些猫猫狗狗的公仔；有些年轻人特别喜欢拍摄娃娃的视频，也可以做一些娃娃的衍生品。把你的视频内容变成周边衍生品，比如抱枕、公仔、杯子等，然后进行周边衍生品售卖也是一种变现方式。

众筹

假设你在直播的时候讲解的都是和果园相关的内容，那你可以通过直播众筹去承包一个果园，也可以通过网上进行某个项目的众筹。

版权

很多短视频的剧本都是作者自己创作的，其中不乏一些情节特别好的剧本，有可能被商家直接买下版权，然后再改编成电视剧或电影，这就是版权的变现，比较适合拍微电影的账号。

我们经常看到一些关于父母和子女的家庭生活的短视频，有些情节比较好的短视频可以成为电影素材，也可以实现版权变现。如果你有一个短视频账号，写剧本的时候可以把故事情节设计得丰富一些，方便以后打造成其他更优质的作品。

运营培训

有了短视频的拍摄和涨粉经验后，也可以开个媒体运营的培训公司，教别人怎么做短视频、做主播，怎么涨粉、变现等。

制作短视频的初衷，其实就是为了最后变现，所以，用逆向思维将变现的闭环提前规划好，在前期制作短视频时，就能够做更加充足的准备。接下来给大家分享一张很多企业都在使用的商业模式工具表格。

重要伙伴(KP)	关键业务（KA）	价值主张（VP）	客户关系（CR）	客户细分C
	核心资源（KR）		渠道通路（CH）	
成本结构C$		收入来源R$		

重要伙伴：连接上下游的重要供应商和合作伙伴都有谁？

关键业务：哪些业务可以确保商业模式的可行性？

价值主张：有哪些产品和服务可以为客户提供价值？

客户关系：针对不同的客户群体需要建立哪些必要关系？

客户细分：对产品和服务而言有哪些不同的客户群体？

核心资源：有哪些产品和服务是客户的必要需求？

渠道通路：如何与不同的合作伙伴或者客户建立联系并提供对应价值？

成本结构：模式运营产生的所有成本有哪些？

收入来源：从每个合伙人/客户那里获得的收入有哪些？

备注：按照自己的规划，将对应内容填入上方表格中。

提前为短视频做好变现闭环规划

第十一章

短视频平台直播

本章将介绍短视频平台直播的优势、当前网络直播的业态，以及常见的几种网络直播方式。

11.1
网络直播的优势

　　首先，网络直播的最大优势就是能够实现主播与观众之间的实时互动，这种互动形式可以极大地增加用户的黏性，提高用户的活跃度。

　　其次，网络直播的信息传播速度非常快，观众可以在第一时间了解到主播提供的动态和信息。

　　通过网络直播，企业或个人还可以向公众展示品牌形象，提升品牌影响力。相比于传统的广告投放，网络直播的营销成本更低，而且效果更好。

　　相比于图文信息，网络直播能够给观众提供更好的视觉体验。

　　无论你在哪里，只要有网络，就可以进行网络直播，这极大地扩大了服务范围。

直播演示产品，降低成本

实时互动

视觉体验优于图文

11.2
网络直播的业态

截至2022年12月，我国网络直播用户规模达7.51亿。其中，电商直播用户规模为5.15亿；游戏直播用户规模为2.66亿；真人秀直播用户规模为1.87亿；演唱会直播用户规模为2.07亿；体育直播用户规模为3.73亿。

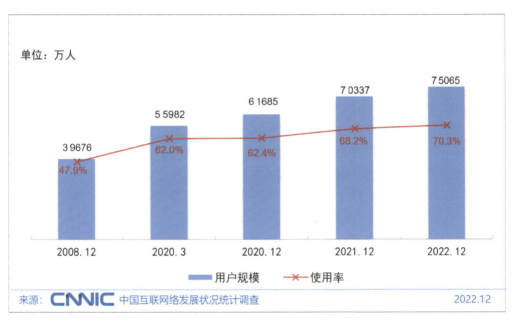

2018.12~2022.12网络直播用户规模及使用率

网络直播业态在2022年的发展主要体现在电商直播业态日趋成熟、专业化公益化内容深受青睐、与新兴技术融合更加紧密三个方面。

电商直播拉动企业营收

以阿里巴巴电商直播数据为例，天猫"双11"期间，62个淘宝直播间成交额过亿元，632个淘宝直播间成交额在千万元以上，新主播成交额同比增长345%。短视频平台对电商直播业务的探索也初见成效，以

"双11"期间为例，抖音电商参与"双11"活动的商家数量同比增长86%，7667个直播间销售额超过百万元；快手参与活动的买家数量同比增长超过40%。

直播内容专业化、公益化

一是专业化内容愈发受到青睐。抖音数据显示，2022年，包括戏曲、乐器、舞蹈、话剧等艺术门类的演艺类直播在抖音开播超过3200万场，演艺类直播打赏收入同比增长46%，超过6万名才艺主播实现月均直播收入过万元。二是公益化内容广受关注。数据显示，阿里公益与淘宝直播共同主办的"热土丰收节"有超过1万名乡村主播参与活动。2022年9月以来，淘宝直播开展20万场村播，吸引超过7亿次消费者观看，带动400万订单量。三是双语直播带货成为新热点。依托自身业务优势，新东方推出双语直播带货模式，将英语教育与电商直播进行融合，形成了新颖的直播业态，连续数月位居抖音月度直播带货榜榜首。

人工智能、5G、VR等成为新热点

一是应用于网络直播业态的数字人产品崭露头角。百度智能云在7月发布数字人直播平台，实现超写实数字人24小时纯AI直播，将数字人的制作成本从百万元下降到万元级别，制作时间缩短到小时级别。二是5G技术助力媒体改造直播流程。运营商推出"5G直播背包"等商用级5G直播解决方案，基于5G、云计算、人工智能等技术，通过前端信号采集、云端传输处理和远程导播制作三个环节，实现了转播设备云端化和人员服务远程化，让记者和摄像师摆脱有线束缚，做到边逛展、边采访、边直播。三是VR全景直播提升用户收视体验。在第五届中国国际进口博览会上，运营商通过多台VR全景摄像机，将现场的真实环境完整地呈现出来，观众不仅能无死角地观看视频画面，还能自主调整观看视角，以第一视角实现"云"收看。

11.3

常见的直播方式

一部手机开直播

对于短视频平台来说，最简单的直播方式就是使用一部手机完成直播。它非常适合我们外出时没有带灯光、三脚架等附件，但又想分享所见或突发事件的场景。只需打开短视频平台账号，并按照指引进行

操作，就可以直接使用手机开启直播。这种方式直播的画面可能不够稳定、人物清晰度较低，但它非常方便，并且满足全天候的需求。只要手机有4G或5G信号，并具备充足的流量，就可以开启直播。当然，在进行直播之前，一些短视频平台可能会要求进行实名认证，但总体而言，直接使用手机开启直播是要求最低的一种方式。

以抖音平台为例，下图展示了开启直播的步骤。首先，在抖音主界面的个人账号上单击"我"，然后在下方选择"开直播"，之后单击界面中的"开始视频直播"，会弹出实名认证的要求。我们只需要根据要求输入真实姓名和身份证号，勾选"已阅读并同意《用户授权协议》"，然后单击"确认并授权"即可开启直播。

在直播过程中，我们可以通过翻转摄像头呈现手机拍摄到的个人画面，或者使用手机背面摄像头获取画面。其他短视频平台，如视频号、百家号等的操作也非常简单，用户只需根据提示进行。

单击主页右下角的"我"

单击"开始视频直播"

进行实名认证界面

手机+补光灯+三脚架开直播

对于比较规范的手机直播来说，除了手机，我们还需要准备补光灯，将其放在手机后方，对准人物面部进行补光。这样，在直播画面中，人物会显得更明亮、形象更好。在家里或其他固定场地进行直播时，还需要使用三脚架，在家中，可以使用桌面三脚架将手机架在桌子上，在室外，则可以购买一些高一点的三脚架。有了三脚架和灯光，直播的画面效果就会更加稳定，人物形象也会更好。这种直播方式适用于各种不同类型的内容，例如知识分享、成长励志、聊天等。如果对声音和画质有更高要求，还可以通过手机接入专业的麦克风，从而获得更好的效果。

下图展示了简单的手机直播设置步骤。第一个画面是使用补光灯对人物面部进行补光后进行直播。第二个画面除了使用补光灯，还增加了一个较小的造型灯，照亮人物头发的轮廓，形成特效光，让画面更富表现力。第三个画面比较特殊，除了人物直播，还在上方展示了电脑界面的截图，这种直播并不是简单的手机+补光灯+三脚架，而是借助电脑摄像头、补光灯和电脑内容的推流直播。关于推流直播，我们将在后续进行详细介绍。

补光灯+三脚架直播

补光灯+造型灯+三脚架直播

摄像头+推流直播

11.4
专业布光开直播

比较专业的直播，需要搭建一个宽敞的场地，准备多盏补光灯，并有可能会用到绿布或蓝布作为背景。在直播时，通过更换不同的背景，可以进行各种特效处理。专业的直播适合频繁进行直播的电商公司或企业在销售产品时使用。

专业的直播间

11.5
推流直播

虽然推流直播看起来更专业，但实际上它更适用于个人的技能分享或讲座类直播。通过专业的推流软件在手机上播放电脑画面，我们还可以将同一次直播的信号同步推流到不同的短视频平台，供不同平台的用户同时观看。

具体来说，推流直播是通过专业的推流软件或设备，将摄像头、音频设备等连接到电脑上，通过电脑上的直播平台进行推流。

推流直播通常具备更高的视频质量和稳定性。推流设备和软件可以提供更好的视频编码和传输效果，同时通过有线网络连接，减少了视频延迟和卡顿的可能性。

推流软件和设备提供了丰富的功能选项，如多摄像头切换、屏幕分享、特效添加等，同时支持更多的推流设置和调整。手机直播平台功能相对简化，功能选项较少。

Tips 很多平台虽然不限制手机直播，但对推流直播却有一定限制，需要用户有一定量的粉丝，或是通过平台的某些认证，或是为企业用户等才能开启推流直播。

专用直播软件

要进行推流直播，一般来说需要使用专业的推流软件。专业的推流软件分为两类：第一类是一些特定平台推出的，针对自己平台进行直播推流的工具；第二类是可以同时在多个平台进行推流的软件。

第一类推流软件性能稳定，功能也比较强大。但是这种专业软件往往只能在特定的平台上进行推流，无法在其他平台上使用。

下面以百度直播伴侣为例，介绍这类专用直播软件的设置。比如，我们准备在百家号进行一场摄影技巧的直播，首先可以登录自己的百家号，在左侧单击"发布"，然后在弹出的菜单中选择"直播"。

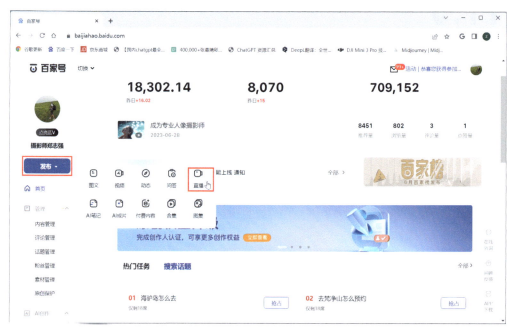

在百家号主页选择直播

这时会弹出直播工具下载界面。单击"立即下载"并进行安装。安装完成后启动软件，可以单击登录按钮登录自己的百家号账号。登录账号后，直播软件会直接与自己的平台账号进行绑定，省去了烦琐的账号绑定操作。绑定账号后，我们可以在直播软件内进行设置，这些设置会同步到百家号上，不需要再填写直播信息。

下载百度直播伴侣

登录百度直播伴侣

登录后，在界面中间单击填入开播信息的图标，会弹出填写开播信息的界面。在这个界面中，根据提示上传直播封面、直播主题介绍以及其他相关信息。需要特别说明的是，下方的一些选项可能并不是必填项，比如直播的标签等，但建议大家也填写一下。尽管这些标签不是必填项，但如果填写准确，有利于平台检测并进行推荐。如果没有标签，可能无法得到平台的分类和推荐。

填写开播信息

填写完开播信息后，我们可以确定直播所要传达的信息，单击直播信号源主界面中间的"添加直播画面"，也可以直接在下方的列表中选择（但当前界面下方的列表内容不全）。

建议选择"截屏直播"，如果选择"窗口捕获"，可能会捕获到我们使用的软件界面，但软件里面打开的图片等内容就无法播出去。截屏直播可以将屏幕上

选择直播信号源主界面

的一片区域截取并播出所有内容，而全屏直播则会将电脑桌面上的很多无关内容也一起播出。综合考虑，截屏直播的使用频率最高，建议大家尽量使用截屏直播。

选择不同的直播信号源

　　选择直播源后，可以看到右下方出现了"开始直播"按钮，直接单击即可开始直播，非常简单。采用这个软件进行直播，我们的内容就会通过百家号平台直播出去。

单击"开始直播"按钮，开始直播

OBS多平台推流直播

与一些短视频平台专用的推流软件不同，当前比较流行的第三方推流软件是OBS多平台推流软件。该软件的优势在于可以在一个界面中设置并同时开启多个短视频平台的直播。使用该软件也相对容易，只需在百度上搜索OBS推流软件，即可找到下载链接并安装。当然，不同的软件版本可能略有差别，但大致的操作思路是基本确定的。

下面我们将介绍如何使用OBS进行多平台推流直播的操作。在使用OBS进行多平台同步推流之前，首先应该对同步推流的平台进行设定。比如，如果要在微信视频号和B站等多个平台进行直播，那么需要先对视频号和B站的账号进行简单的配置。

以下将以视频号的配置为例进行讲解。

首先，在百度网页内搜索视频号助手（注意是"视频号助手"），找到相关链接并单击进入视频号助手。

进入视频号助手后，会弹出登录界面，我们只需使用微信扫码即可登录。

百度搜索"视频号助手"

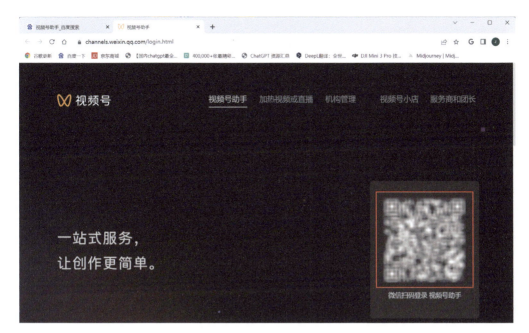

微信扫码登录视频号助手

　　登录后，在左侧找到"直播"选项并单击，然后在下方的列表中选择"直播管理"。此时，在界面右侧可以看到"发起直播"按钮，单击该按钮，会弹出创建直播的设定界面。

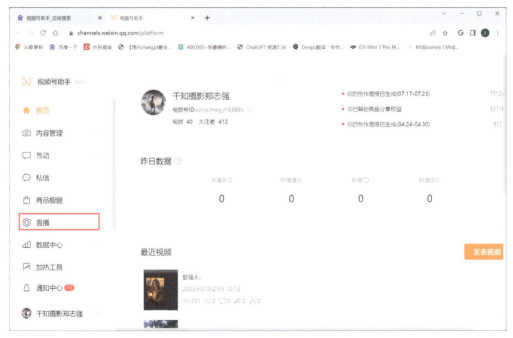

单击"直播"选项

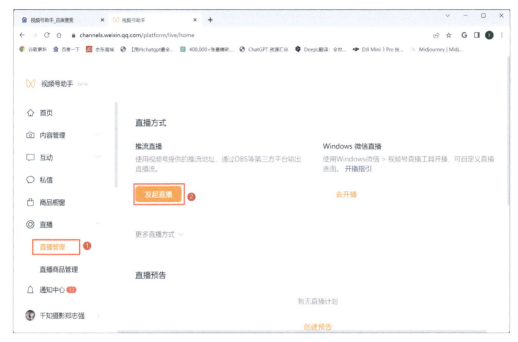

单击"发起直播"按钮

在这个设定界面中，我们需要确定直播类型、直播分类、直播封面以及直播主题。这些内容都比较重要，因为它们将会展示给微信视频号上的粉丝看，并且平台也会根据这些内容进行分类和推荐。填写完毕后，单击界面右上角的"创建"按钮。

此时，在界面中间会弹出推流配置界面，在这里可以看到推流地址和推流密钥。这两个链接现在先保持不动。至此，视频号端的前期配置完成。

Tips 我们之所以以视频号为例进行讲解，是因为视频号进行推流直播的操作相对来说复杂一些。而像B站这样的平台，它的推流操作就比较简单，只需登录自己的账号并单击直播，即可配置直播间，并获取推流地址和推流密钥。

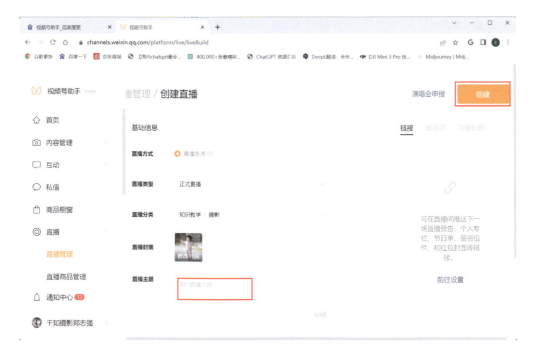

填写直播信息

获得推流地址和密钥

配置好短视频平台的账号后，打开OBS直播软件。在软件界面中，我们要重点关注几个位置。在左上角，可以看到推流目标，所谓的推流目标就是不同的平台。我们之前进行过直播并进行了多平台推流，所以可以看到已经建立过几个推流目标。如果要在其他平台上进行推流，只需单击上方的"新建推流目标"，然后确定推流目标的名称，最好是与对应的平台相符。例如，若要在快手直播，则输入"快手"。

输入名称后，在下方可以看到RTMP服务器和RTMP串流码，此时我们需要将之前配置短视频平台时得到的推流地址和推流密钥复制到这里。其他设置可以不做过多调整，然后单击"OK"。这样，我们就成功配置了一个推流目标。

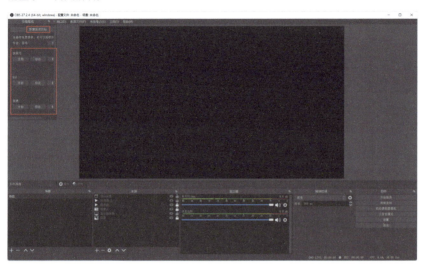

新建推流目标

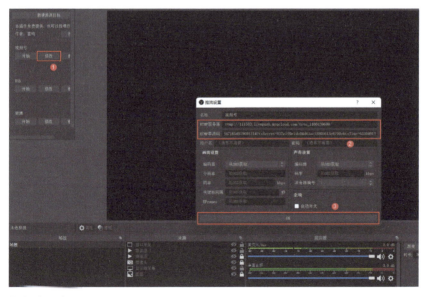

推流目标设定

除了左上角新建的推流目标，实际上OBS这个软件本身也带有一个推流目标。设置时，可以单击右下角的"设置"按钮，打开设置对话框，在左侧选择"推流"，然后可以看到服务器和串流密钥这两个选项。将对应的服务器信息和串流码粘贴进去，单击"确定"即可。当多个平台的推流服务集合配置完毕后，在左上角单击"开始"按钮，并在右下角单击"开始推流"，就可以开始直播了。

在进行直播时，我们还可以对直播的内容进行录屏。如果要进行录屏，同步单击"开始录制"即可。

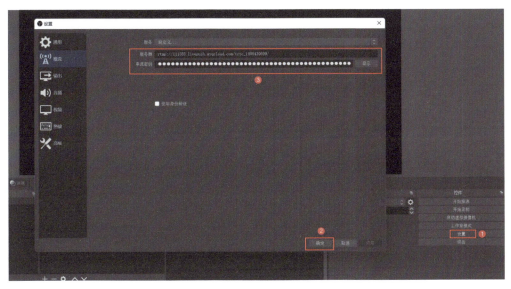

OBS自带一个推流目标

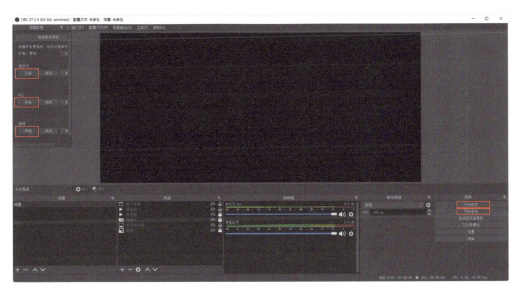

单击"开始""开始推流"和"开始录制"按钮

在进行推流之前，要设置直播的内容来源。在软件左下角的来源窗口中，单击鼠标右键，在弹出菜单中选择"添加"，可以看到可添加的直播信息来源。可以直接选择"显示器采集""图像"等，还可以设定"窗口采集"。根据自己的需求进行选择即可，确定来源后，在来源右侧单击小眼睛图标，可显示出这个

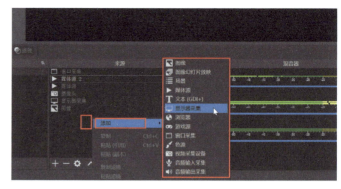

设置直播的内容来源（画面）

来源。之后，可以单击右侧的小锁图标，锁定这个信息源，以确保直播过程中不会因为误操作而导致直播信号丢失。

比如说我们选择了"显示器采集"，那么你的电脑桌面就会被直播出去。

直播源是电脑桌面时显示的画面

我们也可以选择其他类型的直播信号来源，例如，我们设定播放的是一段视频，那么这段视频就会被播放出去。

回到视频号助手，可以看到我们接收到的直播信号，当然这个信号还没有通过视频号播出去，它只是一个内部测试信号。如果感觉没问题了，可直接单击视频号右上角的"开始直播"按钮，那么这个直播信号就会被推送给粉丝。

微信视频号的设定相对来说比较复杂，在OBS设定直播后，还要回到视频号助手确定一下才能开始直播，而像B站等平台，我们只需要在OBS里面设定开始推流，就可以直接将信号推送出去。

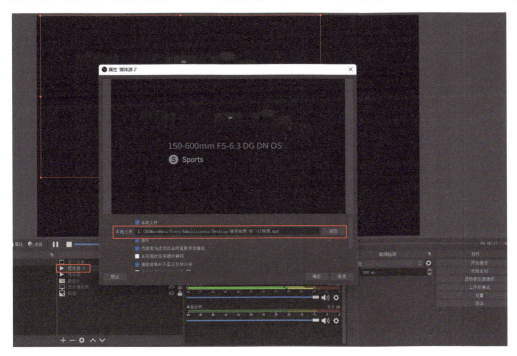

选择一段视频进行直播

回到视频号助手，确定开始直播